AF463689

ŒUVRES COMPLÈTES

DE

BENOIT MALON

LE NOUVEAU PARTI

TOME DEUXIÈME

LE PARTI OUVRIER ET SA POLITIQUE

DEUXIÈME ÉDITION

Prix : 1 fr. 50

EN VENTE

A LA LIBRAIRIE DU PARTI OUVRIER SOCIALISTE FRANÇAIS

32, RUE D'ANGOULÊME, 32

PARIS

1882

LE

NOUVEAU PARTI

II

LE PARTI OUVRIER ET SA POLITIQUE

VIENT DE PARAITRE

DU MÊME AUTEUR :

LE NOUVEAU PARTI

TOME PREMIER

LE PARTI OUVRIER ET SES PRINCIPES

Deuxième édition

Revue, corrigée et augmentée des articles de journaux parus sur le *Nouveau Parti* et des réponses de l'auteur.

Prix : 1 fr. 50 franco.

LE PARTI OUVRIER EN FRANCE

Deuxième édition

Prix : 25 centimes.

Paris. — Imprimerie Derveaux, 32, rue d'Angoulême.

ŒUVRES COMPLÈTES

DE

BENOIT MALON

LE NOUVEAU PARTI

II

LE PARTI OUVRIER ET SA POLITIQUE

DEUXIÈME ÉDITION

Prix : 1 fr. 50 c.

PARIS
DERVEAUX, LIBRAIRE-ÉDITEUR
32, RUE D'ANGOULÊME, 32

1882

PRÉFACE

Ce livre, qui fait suite au *Nouveau parti*[1] publié il y a un an, n'est qu'une jetée rapide effectuée en quelques jours.

Comme le vieux roi Lear qui parlait la tête dans les frimas et le front battu par l'orage, les publicistes du Parti ouvrier doivent philosopher en pleine arène politique au milieu des tempêtes sociales.

Ce n'est donc pas pour l'avenir, mais pour le présent qu'ils travaillent. Ils peuvent dire avec l'écrivain laboureur :

---

1. *Le Nouveau Parti*, tome Ier, *Le Parti ouvrier et ses principes*, DERVEAUX, éditeur, 1 vol. Prix : 1 fr. 50.

« Ouvrier du jour, mon rayon est court. Je
» suis d'une époque de transition et de com-
» bat. Elle m'emportera, mais je veux tra-
» vailler utilement pour elle, me trouvant
» assez récompensé, si j'y puis parvenir. »

Maintenant les lignes hâtives qui vont suivre pourront manquer de mûri, mais j'ose espérer qu'elles ne manqueront pas de vérité, car j'ai tenu autant que possible à photographier l'état réel de mon parti et ce sans fausses complaisances ni esprit de dénigrement.

LE NOUVEAU PARTI

II

LE PARTI OUVRIER ET SA POLITIQUE

CHAPITRE PREMIER

LA SITUATION ACTUELLE

Il y a un an, parlant du parti ouvrier, je m'efforçai d'en démontrer la légitimité, au point de vue historique, et la *vitabilité*, au point de vue politique.

Jusqu'ici, les événements m'ont donné raison.

En dépit des attaques violentes de presque tous les partis politiques, le parti ouvrier socialiste français n'a cessé, comme l'enfant divin des légendes chrétiennes de « croître en force et en sagesse. »

Surpris dès les premiers mois de sa formation et encore à l'état embryonnaire, par une échéance électorale, il a vaillamment affronté la lutte et fait résonner, d'un bout de la

France à l'autre, l'écho menaçant des revendications prolétariennes.

Bien des oreilles bourgeoises ont été offensées; on a trouvé les réclamations trop impératives et les mises en demeure trop absolues; c'est possible, mais tous les partis nouveaux débutent par une énergique affirmation : la jeunesse est exubérante et, quelquefois, un peu batailleuse.

De plus, ici il ne s'agissait pas seulement de fonder un nouveau parti; mais d'appeler tout le peuple travailleur à « faire classe à part », selon l'expression de John Labusquière. Pour cela, il fallut rompre violemment avec bien de vieilles habitudes politiques, secouer l'indifférence du plus grand nombre. Il fallut donc, que l'on me passe l'expression triviale, crier pour se faire entendre.

Toutefois, j'ai hâte de le dire, le caractère comminatoire, trop comminatoire, donné aux formules ne saurait entamer la vérité du fond.

En ce qui touche nos revendications théoriques, nos conclusions, si brièvement formulées qu'elles soient, sont non seulement la traduction du sous-courant de pensée hardiment révolutionnaire et réformatrice qui existe dans les rangs de la classe ouvrière; mais encore elles sont en accord avec la science historique et la science économique, au point où les ont amenées les études et les recherches contemporaines.

Oui, le socialisme moderne, qui est celui de la partie militante du prolétariat occidental, peut, en parlant des défenseurs de l'ordre bourgeois, et avec plus de raison, dire, comme l'orateur romain : « *Conturbavi grecam gentem :* » j'ai prouvé la fausseté de leurs déductions et démontré l'inanité de leurs conclusions homicides et liberticides.

Aussi le nouveau parti s'accroît-il avec une rapidité faite pour étonner ses adhérents eux-mêmes, accablés ainsi de devoirs nouveaux.

De ce chef, grandes sont les difficultés.

L'ère contemporaine est l'ère des forces collectives; l'association organisée des efforts et la concentration des moyens sont une nécessité non seulement pour la production et le travail modernes, mais aussi pour les partis militants, et l'on sait ce que représente de temps, d'efforts et de sacrifices l'organisation d'un parti.

Pour les bourgeois affranchis du travail salarié rien de plus facile toutefois; mais pour le salarié courbé, chaque jour, sur un écrasant et interminable travail commandé, combien il est difficile de travailler à l'organisation de son parti! Le cerveau alangui et le corps exténué, c'est de repos qu'il aurait besoin le soir. Néanmoins on doit commencer une nouvelle journée pour son parti.

Il faut beaucoup de force de volonté et beaucoup de dévouement pour entreprendre un tel travail; cependant des centaines le font, quelques-uns meurent à la tâche [1], mais le parti du prolétariat socialiste grandit et s'organise.

Les partis bourgeois se composent en général d'un état-major ayant pour but d'organiser la pêche aux électeurs, soit pour escalader le pouvoir, soit pour faire prévaloir une politique nouvelle. Le plus souvent, les comités d'organisation, tout au moins les meneurs, sont composés de citoyens affranchis du travail salarié, candidats présents ou futurs, travaillant par conséquent, et ayant le temps de le faire, à

---

1. Comme Colliot et Cibot, morts en première jeunesse pour s'être épuisés pour le parti.

leur fortune politique. C'est là, on l'avouera, un excitant suffisant, avec une possibilité grande.

Pour le parti ouvrier, rien de semblable. Sous peine d'être bientôt démasqués et rejetés, les adhérents ne doivent avoir que des buts altruistes. Candidats, ils ne le seront que si les camarades en ont ainsi décidé, en dehors de toutes considérations personnelles et ne sera-ce presque toujours que pour mener une campagne électorale accablante et rentrer ensuite vaincu, discuté, parfois diminué, dans les rangs du parti.

Un parti fondé dans de pareilles circonstances et dans un pays si rebelle à la discipline politique (réformiste, socialiste ou révolutionnaire), est une preuve, par son existence même, de l'urgence de la question sociale. Ensuite le fait de sa persistance en dépit des terribles obstacles du début, et cela sous le feu roulant de tous les autres partis, est pour le parti ouvrier un grand signe de force et de vitalité : ainsi chez les Gaulois et les Germains, les enfants qui avaient supporté le bain d'épreuve dans l'onde glacée des fleuves, promettaient des hommes robustes et des guerriers redoutables.

Sans doute le parti ouvrier n'est pas encore sorti de sa crise de formation qu'ont aggravée trois scissions successives [1]; mais le chemin le plus difficile a été parcouru et l'organisation définitive est en bonne voie.

---

1. Retraite et hostilité des coopérateurs après les décisions du congrès de Marseille. Retraite et hostilité des anarchistes après l'adoption d'un programme minimum électoral. Séparation et attaques violentes des sectaires marxistes depuis que le congrès de Reims, le Comité national, les électeurs socialistes ouvriers de Montmartre et le troisième congrès régional du centre ont inauguré une politique plus tolérante et plus large, sans rien abandonner des principes généraux.

Il n'est pas jusqu'aux attaques des adversaires qui n'aient perdu de leur acrimonie première, depuis que le parti, devenu plus fort, a commencé à être plus calme, tout en conservant son énergie première.

Que la transformation sociale soit inévitable et doive se faire par la force, si elle ne peut se faire par le vote; que l'effroyable concentration des éléments et des moyens de travail et de transit qui se fait, au détriment des masses travailleuses, entre les mains d'une féodalité capitaliste de moins en moins nombreuse, appelle forcément, si l'on veut éviter un servage général, la socialisation des forces productives et *transitives*, c'est ce qu'on nie avec moins d'assurance qu'autrefois, dans le monde bourgeois.

La critique socialiste a, sur ce point, desarçonné bien des contradicteurs qui n'avouent pas encore. Mais ce que l'on ne peut admettre si facilement, c'est le terrain même sur lequel s'est placé le parti ouvrier, *la séparation des classes.*

Nous reviendrons donc tout d'abord, avec d'autres arguments, sur ce point si discuté encore.

CHAPITRE II

LA SÉPARATION DES CLASSES

Il paraît que nous faisons une œuvre impie, en parlant de séparation des classes, tous les efforts progressistes devraient tendre à l'unification de la grande famille humaine.

D'accord, excellents républicains démocrates ; mais c'est justement parce que nous voulons cette unification dans la justice sociale que nous voulons préluder à l'abolition révolutionnaire des classes par l'avénement au pouvoir de la dernière, celle des travailleurs, qui absorbera, après son triomphe, les éléments désagrégés des trois premières, et établira l'égalité sociale dans la solidarité générale.

En prenant pour base de notre action la constitution d'un parti de classe, nous ne faisons d'ailleurs que nous conformer à la nature des choses et suivre les enseignements de l'histoire dominée dans le passé et dans le présent par la *lutte des classes*, qui a pour corollaire *l'association nécessaire dans la lutte pour l'existence*, *sine quâ non* de persistance pour tout ce qui existe, dans le monde dit *inorganique*, comme dans le monde *organique*.

Nous allons préciser.

Dans un excellent exposé sommaire de la partie du transformisme ayant trait à la *lutte pour l'existence*, M. de Lanessan fait très bien ressortir que cette *lutte pour l'existence* a, dans la généralité des cas, pour complément obligé et pour condition de victoire l'*association pour la lutte* et cela dans les mondes minéral et végétal, comme dans les mondes animal et humain.

« Partout, dit M. de Lanessan [1], les corps bruts se présentent à nous à l'état d'associations inconscientes. Il en est ainsi parce que tout corps isolé ne tarde pas à être détruit. Ceux-là seuls que groupent des agents physiques ou chimiques qui modèlent notre globe résistent à la destruction [2] ».

L'association pour la lutte se produit parmi les végétaux, autrement entourés d'ennemis que les minéraux, d'une manière encore plus frappante :

« Ici, comme dans le cas des cristaux envisagé plus haut, l'association est inconsciente, l'aide pour la lutte que se prêtent mutuellement les individus qui la composent est inconsciente, mais association et aide n'en existent pas moins et nous apparaissent dans les deux cas comme l'arme la plus importante dans la lutte pour l'existence [3]. »

---

1. « La lutte pour l'existence et l'association pour la lutte, » par J. L. de Lanessan. Doin, 1881.

2. *Loco citato*, p. 9. Lanessan cite en exemple l'agglomération formée par le sable marin et les galets reliés par une sorte de ciment calcaire et la plus grande force de résistance « à la fureur des flots » et au lichen rongeur de plusieurs roches entassées dans un étroit espace.

3. *Loc. cit.* page 20. Exemples : La résistance du blé semé, tandis que les grains dispersés disparaissent presque infailliblement. La violette ne peut vivre qu'abritée par d'autres plantes qui lui fournissent l'humidité dont elle a besoin, pendant qu'elle même fournit aux plantes protectrices un tapis

Chez les animaux, l'*association pour la lutte* prend le caractère de *sociétés*, c'est-à-dire d'associations actives, et, dans la plupart des cas, conscientes. Tels sont les troupeaux de bœufs et de chevaux sauvages, les sociétés de pigeons, de fourmis, d'abeilles, de castors, les bancs de sardines, de harengs, etc.

« En généralisant, je puis dire que tous les individus isolés sont totalement supprimés dans la lutte pour l'existence contre le milieu extérieur, contre les végétaux ou contre les autres animaux. Il en résulte que la plupart des animaux, tous les herbivores, par exemple, doivent se présenter à nous à l'état de sociétés, plus ou moins étendues [1]. »

Cette loi universelle devait naturellement être d'une application plus absolue dans l'espèce humaine qui a à soutenir contre le milieu extérieur, contre les végétaux, les animaux, et surtout contre les semblables une lutte de tous les instants.

Désarmé comme il l'était d'abord, l'homme ne pouvait vaincre ses redoutables ennemis, atténuer les effets si souvent meurtriers du milieu extérieur et se procurer la nourriture nécessaire qu'à force d'intelligence, et par le concours et la combinaison des efforts.

Mais les ennemis extérieurs, ou refoulés ou rendus moins dangereux, par suite de l'accroissement des forces humaines, l'association change de caractère et elle a surtout pour but *la lutte contre les semblables* pour la conquête des nécessités de la vie, du commandement et du mieux être. Les plus forts s'allient contre la majorité, confondent leurs intérêts,

---

verdoyant qui ralentit l'évaporation de l'eau contenue dans le sol., etc.

1. *Loc. cit.* p. 49.

s'arrogent des privilèges, et ainsi de l'association des plus *prédateurs* (qui en veulent à la liberté et au travail d'autrui), naissent les premières *classes dominantes* [1], véritables associations pour la défense contre autrui d'intérêts communs. Ces associations, nous les rencontrons au seuil de la civilisation, dès que l'Inde, la grande matrice des nations, voit fleurir les premières sociétés.

Naturellement le premier usage qu'elles font du pouvoir, c'est de légiférer, c'est-à-dire d'organiser toute chose à leur profit exclusif, elles deviennent ainsi classes dominantes et spoliatrices, réduisent les agglomérations vaincues à l'état de classes ou castes inférieures, dominées et exploitées.

Cette division en *castes* ou *classes* est tellement dans les faits que les classifications de Manou se sont perpétuées dans le monde, plus ou moins adultérées.

Brahmes ou prêtres, *kchatrias* ou nobles, *vaysias* ou bourgeois (marchands) *soudras* ou prolétaires, ne sont-ce pas là les divisions encore en vigueur dans la plus grande partie des nations d'Europe, avec cette seule différence que le clergé et la noblesse peuvent moins abuser, et que la bourgeoisie autrefois infériorisée a pris partout la plus grande part — tandis qu'au point de vue économique le prolétariat est resté serf.

En Egypte, la division indoue en quatre classes est maintenue avec une légère modification ; les marchands ne for-

---

1. « Cette association si utile à tous les animaux a produit jusqu'à ce jour parmi les hommes bien des effets désastreux, les races fortes et dominatrices s'arrogeant seules l'usage des droits qu'elles interdisent aux *classes dominées, en s'associant pour opprimer ces dernières*, tandis qu'elles les empêchent de se grouper et de s'unir pour la lutte. » (De Lanessan, *loc. cit.*)

ment plus classe à part, ils constituent avec les ouvriers industriels la quatrième classe, tandis que la troisième est formée par les agriculteurs.

Bientôt les progrès de la civilisation font éclater la guerre entre les deux premières classes, elles ont pour résultat, dans l'Inde, la migration en Europe de la partie la plus aventureuse. Quelques siècles plus tard, les prêtres et les nobles égyptiens se disputent le pouvoir. Avec Menès, ces derniers triomphent; mais les prêtres appellent l'étranger, et l'Egypte, foulée par les hordes éthiopiennes et assyriennes, perd son indépendance, 500 ans avant la conquête grecque. Guerre analogue entre la caste cléricale juive (les lévites), et les guerriers agriculteurs qui sont vaincus en la personne de Saül. En Perse, au contraire, les nobles l'emportent définitivement après le massacre des mages ou prêtres (522 av. l'ère vulgaire) qui fut célébré comme un jour de délivrance nationale sous le nom de *Magophonie*.

Déjà, dans les pays méditerranéens, malgré de vaines tentatives, la caste cléricale était subordonnée au patriciat qui prit la direction, en asservissant et en exploitant le plus possible la troisième classe, (*thétes* d'Athènes, *plébéiens* italiques) pendant qu'au-dessous l'immense peuple travailleur, refoulé dans l'esclavage, était réduit à l'état de chose ou de « meubles et d'outils parlants » et tenu hors de l'humanité.

L'avénement du christianisme et les invasions barbares ne transformèrent pas cet état de choses, quoi qu'on en ait dit; mais de nouvelles nécessités économiques le modifièrent, les esclaves se transformèrent en *colons*, et, pendant que la longue lutte entre le *pape* et l'*empereur* [1] était

1. Cette lutte fut motivée par la recrudescence de foi reli-

comme une réminiscence des anciennes guerres pour le pouvoir et la propriété entre les castes sacerdotale et militaire, l'ancienne plèbe, entraînant avec elle la partie la plus avantagée des colons devenait le noyau de la *troisième classe*, de ce Tiers-Etat à qui les destins promettaient l'empire du monde.

Dès lors, en effet, la bourgeoisie conquérait son affranchissement partiel dans les communes françaises (XIIe siècle) ; elle se faisait garantir certains droits dans la *Grande Charte* que les *barons* ou nobles anglais imposaient à Jean-Sans-Terre (1215) ; elle s'essayait au gouvernement dans les cités lombardes (XIIe et XIIIe siècles), dans les républiques industrielles de l'Italie centrale, et dans les riches communes flamandes (XIIIe et XVe siècles) [1].

A cette époque, les paysans étaient trop accablés pour faire autre chose que des émeutes sans lendemain. Quant au

---

gieuse et par conséquent d'influence cléricale apportée par le christianisme ; mais l'orgueil féodal empêcha la remise sous le joug de la caste militaire par le nouveau clergé, bien que celui-ci eût pris le peuple pour auxiliaire, sans cesser pour cela de l'exploiter à outrance.

1. La bourgeoisie, en lutte pour son émancipation, commença par des *Organisations corporatives*. Elle conquit ensuite des *Chartes communales ;* puis elle voulut le *Droit parlementaire*. Avec ces trois instruments de règne, elle fut bientôt assez forte pour oser prétendre à tout. Quand les choses en furent à ce point, elle fit sa révolution.

Une marche analogue est suivie par le prolétariat ; mais comme, à notre époque de science appliquée, d'électricité et de vapeur, l'histoire bat d'une aile plus rapide, le prolétariat mettra, selon toutes probabilités, moins de décades d'années à accomplir sa révolution sociale que la bourgeoisie ne mit de siècles à préparer sa révolution libérale.

prolétariat industriel, il se présentait sous l'aspect général d'apprentissage, d'épreuve précédant la maîtrise ; ni l'un ni l'autre ne pouvait donc faire classe à part. C'est ainsi que la bourgeoisie d'alors incarnait en elle toutes les forces révolutionnaires et rénovatrices vivaces.

Elle fut d'abord politiquement vaincue en France par la noblesse ; mais ce ne fut pas sans avoir planté sur les murs de Paris le drapeau de sa grandeur future [1], ni sans avoir donné à ses revendications tous les caractères d'une lutte internationale de classes [2].

---

1. Augustin Thierry dit d'Etienne Marcel, le grand révolutionnaire bourgeois : « Par une anticipation étrange, cet échevin du XIVe siècle a voulu et tenté des choses qui semblent n'appartenir qu'aux révolutions modernes. » (*Essai sur l'histoire de la formation et des progrès du Tiers-Etat*, p. 49.)

2. Augustin Thierry le reconnait formellement dans les pages suivantes :

« Cet esprit de résistance de la bourgeoisie française (l'insurrection du XIVe siècle) était encouragé par des événements extérieurs, par exemple de la ville de Gand, qui, à la tête d'un parti formé dans les communes de Flandre, soutenait la guerre contre le souverain du pays, au nom des libertés municipales. *Entre les bourgeois de France, et les Flamands insurgés, il y avait, non seulement sympathie, mais correspondances par lettres, avec promesse d'efforts mutuels pour le succès d'une même cause, et dans cette cause, étaient comprises la défense des privilèges locaux contre le pouvoir central et l'hostilité des classes roturières, contre la noblesse.* La question ainsi posée, réunit dans un intérêt commun la royauté et le baronage, mal disposés à s'entendre sur le fait des impôts levés sans demande préalable et sans octroi.

Un grand coup fut frappé en Flandre par l'intervention d'une armée française et de Charles VI en personne ; cette campagne victorieuse, qui eut l'aspect et le sens *d'un triomphe*

Mais, victime monentanée de son alliance avec la royauté contre les nobles, elle allait voir son avénement se préparer par le développement des forces économiques, et la révolution qu'amenèrent dans la production et les transits, la découverte de l'Amérique, la circumnavigation de l'Afrique, les nouveaux débouchés et l'inauguration du système colonial qui en résultèrent. Dès lors « l'organisation féodale des métiers en maîtrises et jurandes ne pouvait plus suffire aux besoins croissants des nouveaux marchés. Et la manufacture naquit. Les maîtrises furent remplacées par l'industrialisme bourgeois. La division du travail entre les diverses corporations disparut devant la division du travail dans les ate-

---

de la noblesse sur la roture, amena au retour, contre les villes coupables de mutinerie, une suite de mesures violentes, où la vengeance du pouvoir fut mêlée de réaction aristocratique. L'armée royale fit son entrée à Paris, comme dans une ville conquise, brisant les barrières, et passant sur les portes abattues de leurs gonds. Le jour même, trois cents personnes, l'élite de la bourgeoisie, furent arrêtées et jetées en prison, et le lendemain, les libertés immémoriales de la ville, son échevinage, sa juridiction, sa milice, l'existence indépendante de ses corps d'arts et métiers furent abolis par une ordonnance du roi. Il y eut de nombreuses exécutions à mort, et entre autres celle d'un riche marchand qui, jeune, avait figuré dans les émeutes de 1358 ; puis un acte de clémence, commuant, pour le reste des détenus, la peine criminelle en peine civile, frappa la haute bourgeoisie parisienne d'amendes équivalant presque à la confiscation des biens. Rouen, Amiens, Troyes, Orléans, Reims, Châlon et Sens furent punies de même par la suppression de leurs droits municipaux, par des supplices, des proscriptions et des exactions ruineuses. L'argent levé ainsi montait à des sommes immenses. Mais les princes et les gens de la cour pillèrent de telle sorte qu'il n'en vint pas le tiers au trésor royal. (*Loc. cit.* p. 62-65.)

liers mêmes. (Voir le *Manifeste des Communistes*, par Marx et Engels.)

La suprématie industrielle de la bourgeoisie vis-à-vis des travailleurs, passant rapidement à l'état de salariés permanents, s'en accrut, comme s'accroissait en même temps son importance dans l'Etat par la prédominance croissante des questions financières. L'orgueilleux Louis XIV levait son chapeau devant le financier Samuel Bernard, et livrait l'administration de son royaume aux bourgeois Colbert, Louvois, Chamillard, etc.

En Angleterre, avant la fin du XVIIe siècle, la troisième classe était assez puissante pour imposer, en la personne de Guillaume d'Orange, un roi bourgeois. Cent ans plus tard, elle allait, par une des plus glorieuses révolutions qu'ait vues le monde, frapper mortellement les deux premières classes, ainsi que la royauté leur nouvelle alliée, et préluder ainsi à la domination universelle qu'elle allait rapidement conquérir.

Ainsi, jusqu'en 1789, nous voyons *le premier et le deuxième Etat* (clergé et noblesse) se disputer le pouvoir et la propriété. Puis le clergé vaincu, la noblesse s'en faisant un instrument de domination et tournant tous ses efforts contre la plèbe politiquement libre ou *troisième Etat* qui se venge en s'alliant à César. La quatrième classe croupit dans l'esclavage et quand, lasse de souffrir, elle se révolte avec un Spartacus, un Eunus ou un Vettius, elle trouve contre elle les plébéiens aussi bien que les patriciens et les prêtres, c'est-à-dire l'ensemble des trois premières classes. Toutefois elle passe graduellement de l'esclavage au servage, du servage au prolétariat, montant ainsi d'un échelon.

A partir du moyen âge, nous voyons dans les nations les moins barbares, le troisième Etat, ayant pour lui, outre une haute ambition, une grande énergie et le développement obligé des forces économiques, c'est-à-dire le courant de l'histoire, conquérir, une à une, les positions, après s'être exercée à la lutte et au gouvernement par ses révolutions communales et finalement clore, d'une main ferme, l'ère féodale pour inaugurer la civilisation actuelle, qui est la sienne.

Ainsi de la promulgation du *Manava-Dharma-Sastra*, à la *Déclaration des droits de l'homme*, tous les grands événements historiques sont dominés par les vicissitudes des classes, en lutte pour la défense d'intérêts antagoniques.

CHAPITRE III

LA GUERRE DES CLASSES

Les apologistes de la bourgeoisie sont assez disposés à reconnaître qu'avant 1789 l'histoire n'a été que le miroir de la lutte des classes. Mais, depuis lors, la bourgeoisie a, selon eux, d'un coup de sa baguette magique, comblé toutes les distances sociales et aboli les classes.

On incline à penser, dit Augustin Thierry [1], que ce *troisième ordre* répondait alors à ce que l'on appelle maintenant *la bourgeoisie,* que c'était une classe supérieure parmi celles qui se trouvaient en dehors et, à différents degrés, au-dessous de la noblesse et du clergé. Cette opinion, qui, outre sa fausseté, a cela de mauvais, qu'elle donne des racines dans l'histoire à un antagonisme né d'hier, est destructif de toute sécurité publique, est en contradiction avec les témoignages anciens, les actes authentiques de la monarchie et l'esprit du grand mouvement de réforme de 1789.

L'historien bourgeois, en ne voulant pas d'une constatation historique qui « donnerait dans l'histoire des racines à un antagonisme né d'hier, » ne fait pas preuve de probité scientifique.

---

1. *Essai sur l'histoire et les progrès du Tiers-Etat.* Préface.

Nous prétendons, au contraire, que l'historien doit rechercher la vérité sans crainte des inconnus qu'elle dégage. Et d'ailleurs, si les souteneurs de la bourgeoisie essaient de donner le change, la classe elle-même n'y a pas tâché. C'est pourquoi ce n'est pas d'hier, comme l'affirme faussement Thierry, que date l'antagonisme entre bourgeoisie et prolétariat; cet antagonisme remonte aux premières victoires décisives de la bourgeoisie sur le vieux régime.

Paris jouissait d'une *Assemblée des électeurs*, faisant office de municipalité bourgeoise, quand les émeutiers de l'hôtel Réveillon, soulevés en avril 1789 pour une question de salaire, furent impitoyablement massacrés.

Dès leur constitution, les Etats généraux s'entendirent pour repousser toutes les réformes demandées par les cahiers du *quatrième Etat* que présentèrent divers quartiers pauvres de Paris et de Lyon.

« Plus tard, se posa la question des riches et des pauvres; il faut avouer que la majorité de la Constituante précipita ce résultat par la distinction des citoyens, *actifs* et *passifs*. Dans un pays où les mots l'emportent si souvent sur les choses, c'était comme une déclaration de guerre, » confesse un historien bourgeois.

Il est vrai qu'il ajoute pour justifier cette ingratitude et cet orgueil bourgeois :

« Que cette Constituante, si magnanime d'ailleurs, ait prononcé une telle exclusion en termes si injurieux, cela prouve à quel degré d'abaissement étaient tombées les dernières classes du peuple. » (E. Quinet : *La Révolution*, t. I, p. 337.)

Cela prouve simplement que la bourgeoisie fut, dès le premier jour, décidée à prendre pour elle seule les conquêtes de la Révolution et à traiter le peuple travailleur en classe inférieure.

En 1791, commença, par les légiférants bourgeois, l'édiction des lois d'oppression et d'exploitation contre la classe ouvrière [1].

Lorsque, le 1er prairial [2], le peuple de plus en plus affamé par l'abolition du *maximum* et indigné du cynisme avec lequel les bourgeois thermidoriens reniaient les promesses faites à l'insurrection féminine du 12 germinal, s'en revint en force à la Convention pour demander du pain et la constitution de 1793, on lui répondit par une implacable terreur *modérée*. Rhul, Romme, Duquesnoy, Duroy, Soubrany, Bourbotte, Forestier, payaient de leur vie le crime d'avoir soutenu qu'il fallait faire quelque chose pour le peuple affamé; pour le même crime, Albitte et Prieur de la Marne fuyaient, pendant que 10,000 révolutionnaires étaient emprisonnés [3].

Pour mieux attester la guerre de classe, la jeunesse bourgeoise dite *Jeunesse dorée*, chassa à coups de gourdin le peuple des tribunes de l'Assemblée et ses émules de province s'organisant sous le nom de *Compagnons de Jéhu* et de *Compagnons du soleil*, commencèrent, notamment de Lyon et à Marseille, un *deux septembre* de plusieurs mois et assassinèrent par centaines et par milliers, en plein soleil, tout ce qu'ils découvrirent de *sans-culottes*, c'est-à-dire de démocrates populaires.

---

1. Voir dans le 1er volume du *Nouveau parti*, p. 43-45, une collection des principales de ces lois anti-ouvrières.

2. Voir *Histoire du Socialisme*, tome Ier.

3. Depuis ce jour (1er prairial) se fait la grande scission entre les classes nées de la Révolution. Le peuple retourne à son obscur labeur; les classes nouvellement enrichies ou qui

Lorsque en 1830, l'héroïsme aveugle des ouvriers de Paris eut, bien définitivement cette fois, donné le pouvoir à la bourgeoisie, elle codifia le régime du *cens* que la réaction avait implanté en France, après l'écrasement des révolutionnaires. La bourgeoisie affirma ainsi à la face du monde, dans le second tiers du XIXe siècle, que si Athènes avait autrefois honoré la philosophie, l'éloquence et les arts, Rome républicaine le patriotisme et l'ancienne noblesse le courage, elle n'honorait, elle, que la richesse. Mais cela, par exemple, avec fureur. Quand les timides lui demandèrent d'adjoindre au moins les capacités scientifiques, philosophiques, littéraires et artistiques, qui faisaient la gloire de la France, elle répondait par Guizot : Enrichissez-vous, c'est là le seul but de l'homme raisonnable : *Enrichissez-vous*, si vous voulez avoir le droit de vote, sinon non.

La richesse étant le principe et le signe distinctif de la nouvelle classe dominante, celle-ci repoussa impitoyablement dans les plèbes mineures, ainsi spoliées de tous droits, quiconque se présentait à elle, sans être muni, par le vol ou autrement de cet *instrumentum regni* [1].

---

l'étaient déjà, s'éloignent chaque jour de lui. Il sort de la vie publique et disparaît. Elles la continuèrent seules. (E. Quinet : *la Révolution*, t. III, p. 134.) En 1799, on voyait déjà que les hommes nouveaux, enrichis peut-être trop subitement par la Révolution, avaient accepté le butin sans aucun des principes magnanimes que cette révolution avait proclamés. Ils cherchaient le despotisme comme un refuge pour y abriter leur proie. (E. Quinet, *la Révolution*, t. III, 230.)

1. Nous avons démontré ailleurs, premier volume du *Nouveau parti*, que la noblesse était plus accessible aux riches bourgeois, à partir du XIIIe siècle que ne l'est actuellement à la masse des prolétaires le patronat capitaliste.

Ce sont bien là des agissements de classe dominante. Le *cens* bourgeois, cette abomination politique, qui est encore en vigueur en Autriche, en Espagne, en Belgique, en Hollande, en Angleterre, en Italie, n'a pu être chassé de la loi française que par les balles des fusils ouvriers de février. Encore la bourgeoisie ne se tint-elle pas pour battue, et, quand elle eut écrasé le prolétariat en juin avec Cavaignac et livré ensuite la France à Bonaparte, elle vota, sous l'incitation de l'exécrable Thiers, son homme-type, la loi du 31 mai 1850 qui dépossédait trois millions d'électeurs ouvriers de leur droit électoral.

Il fallut, par suite, que la France ramassât le suffrage universel dans les hontes césariennes d'où elle n'est sortie que flétrie, affaiblie et mutilée.

De combien d'articles consacrant l'infériorité civile et politique de la classe ouvrière, ne sont pas émaillés le code dont nous gratifièrent les Bonaparte, les Siéyès et autres Cambacérés et les lois complémentaires bourgeoises!

Je n'en rappellerai que les plus connus.

Interdiction du droit d'association, de réunion et de coalition.

En matière de salaire, le patron cru sur sa seule affirmation, contre l'ouvrier.

L'obligation humiliante et vexatoire du livret. La faculté de publier des journaux subordonnée à des dépôts d'argent, etc., etc.

Dans les conflits économiques, les bourgeois dirigeants ont toujours trouvé tout simple d'employer la force armée pour réduire leurs propres ouvriers ou les ouvriers de leurs congénères, à des salaires de famine pour des travaux de bêtes de somme.

Qui n'a remarqué, que, sauf quelques exceptions, fournies notamment par Paris, les parvenus du capitalisme, ont l'insolence et la dureté dont les affranchis, au temps de Rome en décadence, faisaient preuve vis-à-vis des esclaves.

Il y a surabondance de preuves. Pour ne nous occuper que des rapports publics, notons que lorsque des ouvriers sont en grève, il arrive souvent aux patrons d'exiger tout d'abord qu'ils réintègrent les ateliers. Sans cela, ces féodaux modernes ne sauraient examiner leurs réclamations, pour modérées et légitimes qu'elles soient, vu qu'on ne peut pas *proh pudor!* traiter d'égal à égal avec eux.

Après toute grève victorieuse ou vaincue, toujours les ouvriers les plus énergiques sont jetés sur le pavé et dénoncés à la vindicte patronale, comme des révoltés coupables de lèse-bourgeoisie.

Cependant les économistes nous disent que le travail est une marchandise et que, vis-à-vis du patron, l'ouvrier est un marchand de sa force de travail. Or, que fait-il dans la grève, si ce n'est discuter le prix de sa force de travail? Dans la société bourgeoise, dont le caractère distinctif est de faire de l'avoir social, comme l'a démontré Marx, une immense accumulation de marchandises, le marchand de la force de travail qui est en lui, devrait pouvoir discuter impunément les conditions qu'il met à la marchandise qu'il offre. Il n'est jamais venu à l'idée du plus féroce bourgeois de châtier le vendeur qui s'est permis de ne pas livrer sa marchandise contre le premier prix qui lui a été offert. Mais pour l'ouvrier on fait exception. Pourquoi? Parce qu'il est considéré par le bourgeois non comme un contractant libre, comme un égal ; mais comme un homme de la classe inférieure et comme un misérable rebelle, s'il se permet de discuter les vouloirs d'un homme de la classe supérieure.

Vous voyez donc bien que la bourgeoisie traite le prolétariat comme les classes dominantes ont toujours traité les classes dominées.

C'est là un fait que je défie le plus sophistique des défendeurs bourgeois de contester. Il y a donc incontestablement classes séparées et antagoniques, bien qu'il y ait, en nombre considérable, des conditions intermédiaires, à Paris surtout, conditions, que tend d'ailleurs à détruire rapidement l'envahissante féodalité capitaliste.

Les grands politiques bourgeois n'ont d'ailleurs pas méconnu cet état de choses.

A une interpellation des ventrus parlementaires de la Restauration, le général Foy répondait :

> L'aristocratie au XIXe siècle, c'est la ligue, la coalition de ceux qui veulent consommer sans produire, vivre sans travailler, occuper toutes les places sans être en état de les remplir, envahir tous les honneurs sans les avoir mérités. Voilà l'aristocratie.

Si le tribun libéral avait ajouté : l'aristocratie, au XIXe siècle, c'est encore cette horde capitaliste qui, à la Bourse, dans l'industrie et dans le commerce, spécule, trompe, exploite, vole, accumule la plus grande quantité possible des produits du travail d'autrui, du travail de la classe transformée par elle en classe asservie et en chair à bénéfice, la description eût été complète.

Il est si vrai que la bourgeoisie traite le peuple travailleur en classe inférieure, que, elle qui a fait tant d'insurrections, elle ne trouve plus de supplices assez cruels pour châtier le peuple quand il a osé se révolter pour son compte à lui et non pas pour tirer les marrons du feu pour elle.

Un sauvage que l'on interrogeait sur la distinction du bien et du mal, du juste et de l'injuste, fit cette réponse bien connue : Celui qui enlève ma femme commet une méchante action, et je fais, moi, une bonne action en prenant celle d'un autre [1].

C'est ainsi que, en ce qui regarde le peuple, la bourgeoisie comprend le droit d'insurrection et fait la distinction du juste et de l'injuste.

Et les actes répondent aux paroles.

Sont-ils si loin de nous les sombres jours de juin 1848 et de mai 1871, où, sur le grand Paris prolétaire, la bourgeoisie déchaîna ses épouvantables tueries, des tueries comme seules en peuvent ordonner les classes qui sentent leur domination et leurs privilèges en danger.

Comme ces grandes cités antiques au-dessus desquelles planait l'ange exterminateur, les prolétaires virent la mort pleuvoir sur leurs têtes, remplissant les rues de flammes et de sang, et devant ces monuments lardés par des boulets et « ces pavés fléchis sous le poids des cadavres, Paris, la grande crucifiée de la rénovation sociale montrait aux nations ses plaies béantes, demandant, si jamais on avait connu dans le monde une douleur égale à sa douleur [2] » et pouvait leur dire, comme le roi Lear à Cordélie : je ne pourrais voir sans mourir de pitié une infortune pareille à la mienne. Que

1. Hovelacque, *les Débuts de l'Humanité.*
2. Sémérie, *la Grande crise.*

sont donc les guerres de classes[1], si de si effroyables désastres ne méritent pas ce nom ?

La bourgeoisie prétend que c'est vrai, mais que c'est pour « *sauver la société* » qu'elle se rend coupable de pareilles hécatombes. La prétention n'est pas neuve.

Les classes dominantes n'ont jamais manqué d'appeler leurs intérêts particuliers, « les intérêts sociaux. » Aussi chaque fois qu'elles ont eu à défendre leur pouvoir ou leurs privilèges, elles ont dit défendre les « bases mêmes de tout ordre social, » et des Gracques à la Commune de Paris les ennemis des classes dominantes ont toujours été les « ennemis de la société. » *Tout périt avec nous*, disait Marie-Antoinette, entrant dans la Tour du Temple. C'est le mot éternel, éternellement faux, des classes dominantes vaincues.

---

1. Georges Sand raconte qu'en juin des gardes nationaux de province venus à Paris contre les ouvriers, s'empressèrent de fusiller le premier homme en blouse qu'ils rencontrèrent. Tant cette guerre était pour eux, la guerre des bourgeois contre les ouvriers. On remarqua aussi, dans ces tristes jours, que les soldats firent preuve de sang-froid dans la répression sinon d'humanité, tandis que les gardes bourgeois se déshonorèrent par leur inoubliable férocité. A tel point, dit Villaumé dans sa *Politique nouvelle*, que l'on vit des boutiquiers crever impunément les yeux des ouvriers prisonniers et les torturer de toutes manières. La répression de mai 1871 qui fut décuple de celle de juin 1848, détermina une fureur bourgeoise encore plus grande. Cette abominable terreur de neuf ans est le grand fossé que rien ne comblera entre la classe dominante et la classe opprimée. N'a-t-il pas fallu tout l'amoncellement de peurs et de rage, que suscitent les guerres de classes pour que des massacres et des actes de cruauté qui dépassent en odieux et en importance les massacres de religion aient pu se commettre à Paris au déclin du XIXe siècle ?

En un mot, la bourgeoisie nie l'existence des classes ; tout en traitant les ouvriers en inférieurs, quand ils se soumettent, en rebelles, quand ils réclament ou discutent. Elle nie la guerre des classes et elle la conduit avec une férocité et une implacabilité qui seront sa honte devant l'histoire [1].

1. Les premières classes dominantes étaient moins coupables que la bourgeoisie, la nature n'était pas vaincue et il n'y avait pas de bien-être possible pour tous. Mais maintenant, la science et le travail de l'homme ont contraint la nature et les forces naturelles découvertes et domptées à produire l'abondance, au point que la juste répartition aurait pour conséquence l'universalisation du bien-être. En s'opposant donc à l'abolition des servitudes et à l'exploitation de l'homme par l'homme, la bourgeoisie commet un crime de lèse-humanité.

Pour justifier son accaparement des conquêtes révolutionnaires, les écrivains bourgeois osent quelquefois dire que la révolution s'est faite par les seuls bourgeois :

Le peuple n'entre dans les affaires qu'en 1793, dit Quinet, et encore il reste anonyme.

C'est faux : le peuple entre en scène, dès juin 1789, par la *Guerre aux châteaux*.

Où était le peuple, ose-t-il demander, dans les premières années de la Révolution ?

Où était le peuple ? Il prenait la Bastille le 14 juillet. Il ramenait le roi de Versailles, le 6 octobre, il participait à la *Fédération* le 14 juillet 1790, il manifestait et se faisait massacrer le 17 juillet 1791, il humiliait la royauté le 20 juin, il la culbutait le 10 août. Enfin il partait, en sabots, à la voix de la patrie en danger pour défendre le territoire français et vaincre à Valmy et à Jemmapes, en attendant de vaincre à Hondschoot, à Fleurus, à Watignies et sur les deux rives du Rhin.

Sauf Desmoulins, qui marcha sur la Bastille, sauf Barbaroux, Westermann et leurs fédérés marseillais qui se jetèrent vaillamment sur les Tuileries au 10 août, où étaient les grands meneurs bourgeois, les Robespierre, les Marat, les Danton et autres, pendant que pour abattre la royauté en se faisant trouer la peau,

> La grande populace et la sainte canaille
> Se ruaient à l'immortalité ?

E. Quinet a jugé le peuple avec toutes les préventions bourgeoises d'un vainqueur de juin, futur vainqueur de mai. C'était pourtant un des moins mauvais ; son appréciation n'en a que plus de poids, comme preuve du mépris invétéré de la caste bourgeoise pour le prolétariat.

CHAPITRE IV

ACTIF ET PASSIF DE LA BOURGEOISIE

La situation de classe dominante de la bourgeoisie vis-à-vis du prolétariat étant établie, il nous reste à rechercher si la classe bourgeoise est véritablement pour le prolétariat la sœur aînée dont parlait le normalien Bersot et si elle a l'intelligence et le cœur de comprendre que la paix sociale ne viendra qu'après la justice économique, dont cette paix sera le couronnement.

Pour cette recherche, ne remontons pas au delà de 1830. Qu'a fait depuis cette époque la bourgeoisie gouvernementale ?

Actif. 1833. Loi dérisoire sur l'instruction publique.

1834. Enquête du préfet Chabrol.

1836-40. Enquêtes de Villermé, Benoist de Châteauneuf, etc.

1841. Loi non exécutée sur le travail des enfants dans les manufactures.

Février-mars 1848. Belles promesses du gouvernement provisoire, ateliers nationaux pour tenir les ouvriers en bride. Décret, non appliqué, limitant le travail des manufactures à onze heures à Paris, à douze heures en province.

Mai 1848, vote d'une enquête sur la situation des classes ouvrières « pour montrer l'intérêt que l'Assemblée portait aux questions capitales dont l'opinion était préoccupée [1]. »

Juillet 1848, allocation de 3 millions aux associations ouvrières.

En 1850, nomination d'une commission pour les logements insalubres.

En 1851, facilitation de l'envoi d'une délégation à l'Exposition universelle de Londres.

Nouvelle velléité d'enquête, en 1855. Elle fut commencée, en 1858. « Résultats absolument nuls » dit le coopératiste Audiganne, si facile à contenter, pourtant.

Délégation ouvrière à l'Exposition universelle de Paris, 1855.

En 1862, envoi d'une délégation ouvrière à l'Exposition universelle de Londres.

Adoucissement de la loi sur les coalitions, en 1864.

Délégation et enquête ouvrière à propos de la quatrième Exposition universelle à Paris, en 1867.

1869. Abolition de l'article 1781 (le patron cru sur son affirmation en fait de salaire) et abolition de l'obligation du livret que les capitalistes exigent de plus belle.

1874. Loi sur le travail des femmes et des enfants dans les manufactures.

1880. Amnistie.

1881. Loi incomplète sur les syndicats professionnels (re-

---

1. C'est seulement le 18 décembre 1850 que fut présenté le rapport d'ailleurs hostile sur cette enquête. Le rapporteur parla avec peu de bienveillance des ouvriers; mais en revanche, beaucoup du « besoin de stabilité des institutions, » c'est-à-dire de la nécessité de rétablir l'empire.

fus d'octroyer la liberté pure et simple exigée par les ouvriers).

1882. Retapage probable des lois inexécutées sur les livrets d'ouvrier et les logements insalubres.

C'est tout si j'ai mémoire.

En somme, pas une réforme sociale digne de ce nom.

Voyons maintenant le *Passif*.

1830. Confiscation de toutes les libertés populaires [1].

Même année, les ouvriers de Rouen, affamés par les capitalistes, courent les champs, *mangeant de l'herbe*, la bourgeoisie n'a que des gendarmes à leur envoyer.

1831. Les canuts de Lyon, à bout de misère, veulent vivre en travaillant ou mourir en combattant, on les fusille sans pitié.

1832-39. Répression impitoyable des insurrections républicaines socialistes : début de Thiers rue Transnonnain.

1830-1848. Répression par la force armée des grèves, à Bordeaux (1831), à Limoges, à Mulhouse, à Sainte-Marie-aux-Mines, (1833) à Chalabre (1837), à Rive-de-Gier, (1840) à Tourcoing et à Mende en 1842, à Clermont (Hérault), en 1845 à Lodève et à Saint-Etienne (massacre de mineurs dans cette

---

1. Prolétaires, méditez les lignes suivantes :

« C'était quelques jours après 1830, un jour, écrit Saint-Marc-Girardin, je me rendais à une réunion d'hommes politiques. Messieurs, dis-je en entrant, je viens d'entendre dans la rue le mot de la situation que nous traversons. J'ai rencontré un ivrogne qui regardait un chien en liberté et lui disait d'un ton à la fois sérieux et mélancolique : « Toi aussi tu as ôté ta muselière ; on te la remettra ta muselière, on te la remettra ! » Et M. Saint-Marc-Girardin ajoute : « On convint que j'avais raison, mais on trouva qu'il fallait y mettre quelques formes. » (Ch. Bigot, *les Classes dirigeantes*, p. 44.)

dernière ville) en 1846, à Saint-Malo, à Saint-Servan (1846), à Roubaix, à Lyon, à Rennes, à Nantes, etc., 1846-1847, etc.

Sabrades de 1840, dans les rues de Paris, second début de Thiers.

Guillotinade de Busançais, 1847.

Affamement systématique des ouvriers, après la révolution de 1848.

Massacres de juin, transportations sans jugement et lois confisquant toutes les libertés ouvrières.

Fabrique de calomnies antisocialistes de la rue de Poitiers, troisième entrée en scène de M. Thiers.

Mutilation du suffrage universel le 31 mai 1850.

1851-52, la France livrée par haine de la classe ouvrière et du socialisme à Bonaparte.

Répression de nombreuses grèves de province et des environs de Paris. Destruction violente de toutes les associations ouvrières, aggravation du livret, confiscation de toutes les libertés.

En 1867-70, intervention militaire contre les grévistes à Roubaix, à Saint-Etienne (second massacre de mineurs); à Aubin (autre massacre de mineurs) au Creusot, à Fourchambault, etc.

1870, lâcheté de la bourgeoisie gouvernementale qui a pour devise plutôt les Prussiens que les rouges et agit en conséquence.

Parjure du 31 octobre 1870, fusillade du 22 janvier 1871.

Mai 1871, inoubliable écrasement du prolétariat parisien et français après la défaite de la Commune, terreur bourgeoise de neuf ans contre le prolétariat. Couronnement de l'œuvre de Thiers.

En 1878, interdiction du congrès international ouvrier ; on avait toléré tous les congrès bourgeois.

1879-82, intervention militaire dans presque toutes les grandes grèves, impunité des patrons affameurs, et condamnations scandaleuses des grévistes, etc.

En somme, exploitation et maltraitement à outrance par la classe bourgeoise du prolétariat, quand il s'est tu, et condamnation à la prison, à la déportation, ou à la mort, quand il a osé se plaindre.

En 1789, la noblesse vaincue par la propagande philosophique (qu'elle avait encouragée) du XVIIIe siècle, par les soulèvements populaires, et par l'âpreté de la classe bourgeoise, déjà prépondérante et qui *voulait tout*, consentit dans les délibérations du 4 août 1789, 15 mars et 19 juin 1790 à un abandon des privilèges ainsi formulé.

L'Assemblée nationale détruit entièrement le régime féodal.

Les droits exclusifs de colombier, de chasse, les capitaineries même royales, sont abolis.

M. le président sera chargé de demander au roi, le rappel des galériens et des bannis pour simple fait de chasse, l'élargissement des prisonniers actuellement détenus et l'abolition des procédures existantes à cet égard.

Les justices seigneuriales sont supprimées sans indemnité.

Les dîmes de toute nature et les redevances qui en tiennent lieu sont abolies.

La vénalité des offices de judicature et de municipalité est supprimée, la justice sera rendue gratuitement.

Les droits casuels des curés de campagne sont supprimés.

Tous les privilèges particuliers des provinces, principautés, pays, cantons, villes et communautés sont abolis sans retour.

Tous les citoyens, sans distinction de naissance, pourront être admis à tous les emplois et dignités ecclésiastiques, civils et militaires, et nulle profession utile n'emportera dérogeance.

Plus d'annates, de droits de déports, de deniers de Saint-Pierre et autres du même genre établis en faveur du clergé. La pluralité des bénéfices est supprimée. Enfin suppression de pensions non inscrites, réduction de celles qui sont excessives, etc.

Les droits d'aînesse et de masculinité à l'égard des fiefs, domaines et alleux nobles et les partages inégaux sont abolis.

La noblesse héréditaire est pour toujours abolie ; en conséquence les titres de prince, de duc, de comte, de marquis, vicomte, vidame, baron, chevalier, messire, écuyer, noble ou tous autres titres semblables ne seront portés par qui que ce soit ou donnés à personne.

Qu'il se lève le bourgeois qui osera dire que cette explosion de renoncement ne dépasse pas de cent coudées les petites réformettes bourgeoises, et qui osera prédire que, le jour du redressement populaire, la bourgeoisie sera capable d'un abandon si complet de ses privilèges capitalistes ?

Ce jour-là, l'éternelle et âpre égoïste nous fera encore dire par quelque Guizot : « La souffrance inégalement répartie est dans les lois providentielles de nos destinées. »

Ou par quelque Michel Chevalier grassement payé :

Je ne connais qu'un moyen d'en finir avec la bourgeoisie, c'est d'en finir avec le capital, avec la propriété, avec les lumières.

Tout cela n'empêchera pas les travailleurs triomphants de faire de sa domination et de ses privilèges ce qu'elle fit, dans l'ardeur de sa lutte révolutionnaire, de la domination et des privilèges féodaux. Et ce sera justice.

J'ai parlé du passif, des gouvernements bourgeois, voici ce que ses propres écrivains disent de la classe :

Après avoir été voltairienne, la bourgeoisie se fait hypocrite.

Gavarni, dans une de ses caricatures, met en scène deux chiffonniers : « Toi-z-et moi, dit l'un des deux, nous n'avons que faire de religion ; mais il en faut-z-une pour la canaille. » Aux liaisons dangereuses près, tel fut exactement le programme de la bourgeoisie.

Ainsi, à la période voltairienne succéda la période hypocrite ; elle dure encore. La religion a été envisagée comme moyen de tenir le peuple, disons le vrai mot, d'abuser de lui. (Ch. Bigot, *Classes dirigeantes*, p. 227.)

Causez en France avec un négociant, un ouvrier, un contremaître, un paysan un peu éclairé, la conversation sera toujours instructive : soyez franc, et dites combien de fois vous avez appris quelque chose à la conversation d'un bourgeois ou d'un homme du monde. (*Ibidem*, p. 157.)

Une partie de la bourgeoisie va de plus en plus s'attachant à toutes les réactions ; elle s'enfonce dans le passé, par haine du présent et par terreur de l'avenir ; elle en est venue à détester toutes les libertés, à maudire jusqu'à cette grande révolution, à laquelle elle doit pourtant et sa fortune et le rang qu'elle a conquis. Aucune autorité ne lui paraît trop absolue, aucun despotisme trop lourd, elle se rue affolée vers la servitude, elle voudrait jeter au gouffre la France moderne, au risque de s'y précipiter avec elle. Toutes les intrigues des roués, toutes les conspirations des aventuriers trouvent en elle un complice, disposé à tout laisser faire, parfois même de tout aider. (Ch. Bigot, *Fin de l'anarchie*, p. 219.)

La peur ! sous Louis-Philippe déjà elle menait la bourgeoisie ; elle la faisait applaudir aux lois de 1835 contre la presse ; elle la poussait à soutenir M. Guizot aux élections, contre les vœux et les besoins du pays, contre son propre sentiment. Mais c'est depuis 1848 surtout que la peur a dominé notre temps : la bourgeoisie a perdu la tête en juin 1848, et depuis ne l'a jamais retrouvée tout à fait. (Ch. Bigot, *les Classes dirigeantes*, p. 292.)

A peine maîtresse du terrain, la bourgeoisie glisse aux bassesses de l'égoïsme ; elle échoue dans les puérilités encombrantes des orgueils de parvenus. (Edmond Texier.)

La bourgeoisie française s'est emparée du gouvernement par l'administration. On l'a vue s'accommoder de l'empire tant que l'empire lui a permis de s'enrichir. La république qui lui faisait si peur en 1848, ne l'épouvante plus aujourd'hui. On rit avec la politique comme avec le vent et la pluie. Il faut tendre la voile du bon côté, pousser ses enfants, se pousser soi-même, arrondir sa fortune, tirer parti de tout changement, ménager l'avenir.

Les forces sociales ne sont pas considérées comme devant servir à quelque grand dessein politique, transmis de génération en génération comme un legs, auquel tous les esprits, petits et grands, apportent un concours incessant, généreux et patient; la politique, loin d'être une auréole qui transfigure les intérêts privés, est presque toujours considérée comme un serviteur de ces intérêts. On s'en sert plutôt qu'on ne la sert. Elle doit doter les filles, placer les fils, les neveux, les cousins, protéger l'industrie ou décupler les affaires des pères, grouper autour et au profit de la famille toutes les petites farces qui émanent de l'Etat [1].

Un écrivain positiviste, E. Sémérie en parle à son tour en ces termes :

La secousse de 48 changea la situation en mettant en plein jour la scission qui s'était lentement opérée, pendant dix-huit ans, entre les possesseurs du capital et les travailleurs. Il ne s'agissait plus de changer le nom de la dynastie ou la couleur du drapeau, ni même de conserver, sous le nom de République, les institutions et les mœurs de la royauté.

Devant des ouvriers écrasés par le travail et la misère et demandant une répartition plus équitable des charges sociales et du capital humain, il ne suffisait plus de jouer la comédie libérale, qui consiste à s'indigner contre le droit du seigneur ou l'inconduite de quelque curé. Le peuple avait remarqué que beaucoup, parmi ceux qui criaient le plus contre les jésuites, n'avaient d'autre but que de détourner son attention pour pouvoir plus facilement lui mettre la main dans la poche, au nom de la liberté économique. (*La Grande Crise*, p. 174.)

---

1. Laugel, *la France politique et sociale.*

Mais cette classe, qui a fait tant de mal par ses oscillations indéfinies entre la rétrogradation et l'anarchie, comme par son manque de conviction et de moralité ; qui invoque l'égalité contre les féodaux, et la répression contre les réclamations égalitaires des prolétaires, qui révolutionnaire et rétrograde à la fois, parce qu'elle ne peut dominer ni avec les anciennes classes qui la repoussent, ni avec les nouvelles dont elle a peur, ébranle tous les pouvoirs par une opposition sans bonne foi et se retrouve, au lendemain de toutes les crises, férocement sanguinaire contre ceux qui n'ont fait que continuer sincèrement ce qu'elle avait commencé ; de cette classe transitoire, enfin, qui, sentant qu'elle doit disparaître avec l'installation de l'ordre nouveau, perpétue, autant qu'elle le peut, la situation équivoque qui lui permet de prospérer [1].

On parle aujourd'hui de régénération, de réorganisation, illusion que les événements dissiperont bientôt ! Comme à toutes les époques de grandes crises sociales, la rénovation ne peut venir des classes contre lesquelles se fait précisément l'effort rénovateur, et l'avenir ne peut éclore que sous un souffle de vie surgi d'un autre côté.

Pendant que les chefs des classes supérieures, à qui incombait le devoir d'instruire et de guider leurs frères moins heureux, organisaient la coalition rétrograde pour les maintenir dans l'ignorance et la servitude, ceux-ci, dépourvus de toute instruction régulière, progressaient à tâtons, cherchant sincèrement la vérité et s'élevant, par leurs propres efforts, au-dessus du niveau intellectuel de ceux qui voulaient continuer à les diriger. (Sémérie, *loc. cit.*)

Ainsi aux esprits clairvoyants, même alors qu'ils croient encore à la nécessité d'une hiérarchie sociale, s'impose la nécessité de la dégradation de la classe bourgeoise, coupable envers le peuple travailleur d'ingratitude, d'égoïsme, d'insolence, et de cruauté, coupable envers l'humanité d'avoir

1. E. Sémérie, *Grande Crise*, p. 125.

trahi le glorieux mandat d'émancipation dont l'avait investi la révolution de 1789.

J'ai gardé pour la fin une peinture de la vie bourgeoise, due au pinceau du plus brillant chroniqueur de Paris, M. Aurélien Scholl.

Pour les uns, la vie commence à midi, à la Bourse. Pour les autres, à onze heures au cercle. On joue ce qu'on n'a pas, on vit sur les écarts.

L'argent acquis de cette façon n'a pas de valeur : on le jette, et c'est la prodigalité des dissipateurs qui règle le cours de chaque chose et en fixe le tarif. Dix millions de travailleurs font des économies ; dix mille spéculateurs s'en emparent et les dissipent.

On joue à la politique, on joue au baccarat, on joue aux courses. Je me demande comment ceux qui travaillent font pour manger. Une livre de bœuf, un poulet, deux pêches, représentent le salaire de trois jours. On n'a pas un cigare passable à moins de soixante-quinze centimes. Une salade coûte le prix d'un dîner sous Louis-Philippe.

Avec cela, c'est tous les jours fête.

Une société bizarre, composée de descendants des croisés, de pick-pockets et de garçons coiffeurs, se transporte journellement sur le turf. Alphonse parie avec Godefroy de Bouillon, Polyte fait une poule avec Renaud de Montauban, et Jack-Scheppard tient les enjeux...

Du haut en bas de la société, la fraude, l'audace, la malhonnêteté, concourent à la victoire. Tous les mensonges, toutes les ruses, servent au joueur pour lui assurer la propriété de son gain et en grossir la somme. Le spectacle des richesses qui les entourent et des plaisirs qu'ils envient, trouble et enivre ceux qui entrent dans la vie. La société semble organisée pour la propagation des crimes. A voir les heureux du jour, on peut croire à l'impunité. Les fonctionnaires, les juges, les agents n'ont aucun intérêt à ce que la nation soit morale. C'est à qui profitera d'une situation ou d'une influence pour enrichir ses parents et ses maîtresses. Tout contribue à effacer des esprits le sentiment de l'équité primitive.

La fin de toutes choses sera bientôt la fortune ou le suicide. Non pas la fortune qui est la récompense de longs efforts et d'une louable persévérance dans le travail et dans l'économie, mais la fortune rapide, la fortune soudaine. Un gros lot ou un gros coup.

Banco partout, banco toujours!

— Le million ou le bagne !

— Banco !

— Mines d'or où il n'y a pas d'or, société des gaz du Centre de l'Afrique, chemins de fer du Pôle austral, tramways de Madagascar, compagnie générale des pêcheries de la Bièvre, mines de perles du Lot-et-Garonne, forêts d'éponges du Midi, société des Sucres de caoutchouc...

Emission de cent mille actions de 500 francs vendues neuf cent cinquante francs cinquante centimes!

La souscription est couverte dix fois.

La bonne fait danser l'anse du panier, escamote le linge et le vin ;

La femme de chambre s'approprie de temps en temps une bague, une perle, un brillant;

Le valet de chambre fume les cigares de monsieur et ramasse tout ce qui traîne sur les meubles ;

Le cocher compte dix litres d'avoine par jour et par cheval et n'en donne que cinq ;

Monsieur entretient une maîtresse avec la dot de madame ;

Madame, qui doit à sa couturière et à sa modiste, accepte les hommages et la subvention d'un vieil ami ;

Le vicomte de Castel Judiciaire perd trois cent mille francs au club; il imite la signature de son père pour se procurer des fonds ;

La baronne de Veau-Braisé, se trouvant gênée, cède à une entrepreneuse les deux heures disponibles de sa journée...

Un jour, qui n'est peut-être pas loin, la chaudière éclatera... il n'y aura plus que des ruines autour de nous : Paris sera Chio après le tremblement de terre ! Ce ne sera pas encore la fin du monde, mais ce sera au moins la fin de ce monde-là.

Je ne serai pas de ceux qui le regretteront.

Le peuple travailleur qui sait tout cela, se lasse de souffrir et il conclut à l'avénement révolutionnaire du quatrième état ; il s'organise en conséquence, et le jour viendra où seront réalisées ces paroles du poète de la Némésis :

Mon volcan tant prédit a déchaîné ses laves,
La voilà devant vous la guerre des esclaves.
De nouveaux Spartacus sortent des ateliers,
Les conscrits de la faim s'envolent par milliers.
Des révolutions nous revoyons les cimes,
Vieux monde du passé, marche, allons, c'est la loi,
L'ange au glaive de feu, debout derrière toi,
Te met l'épée aux reins et te pousse aux abîmes...

Ainsi soit!

CHAPITRE V

ANTAGONISME DES INTÉRÊTS

La bourgeoisie, classe dominante, la bourgeoisie coupable d'abandon de son mandat historique et d'une cruauté inouïe envers le prolétariat, tout cela ne suffirait pas pour faire désespérer d'elle dans l'avenir et pour faire de l'avénement au pouvoir politique d'une autre classe, la condition *sine qua non* de la rénovation sociale.

Nous n'avons rien prouvé de ce chef, si nous n'établissons l'antagonisme des intérêts entre les deux classes en présence.

L'antagonisme politique est constaté par un écrivain bourgeois que nous avons déjà cité.

La situation actuelle est grave, elle est redoutable. Il n'est personne qui le conteste. La nation est divisée comme en deux nations qui se regardent avec des yeux pleins de haines, de menaces et de défis : comment empêcher le conflit d'éclater entre elles? Les questions sociales sont posées avec une brutalité terrible. On les a vues surgir, formidablement armées, au lendemain même de la guerre étrangère. On les a noyées dans le sang. Les questions noyées dans le sang ressuscitent toujours. (Ch. Bigot, *Cl. dir.*, p. 305.)

Un éminent philosophe, auteur illustre de l'*Histoire du matérialisme*, indique ainsi les causes de l'antagonisme économique :

> La forme spécifique dans laquelle la lutte pour l'existence s'exerce à ce moment de l'histoire, est dans la séparation du travail nourricier d'avec le sol nourricier, est dans la forme marchandise donnée à l'ensemble des produits du travail, ce qui a pour conséquence l'exploitation des travailleurs par les capitalistes. (Lange, *Arbeiterfrage*.)

Cette situation s'est aggravée par les progrès industriels même, de sorte que maintenant, ainsi que je l'ai dit ailleurs, il est donné une société dont l'outillage est déjà si développé, si perfectionné, et dont les besoins sont si étendus, que la production et la circulation des richesses ne peuvent s'opérer, d'une manière satisfaisante, que par une immense concentration de matériaux et d'outillage, et par de vastes agglomérations de travailleurs, hommes, femmes et enfants. Il arrive que dans cette société, où la production et la circulation des richesses sont forcément *sociales*, la propriété de la matière et des instruments de travail et tout le *produit net* de l'activité humaine, sont laissés à quelques parasites *sans foi ni loi* (tout le monde sait que le propriétaire bourgeois ne se reconnaît aucun devoir social, et que la loi ni les mœurs ne lui en imposent aucun), qui usent et abusent de l'avoir commun, dirigent le travail d'après les impulsions habiles ou mal habiles de leur avidité, et disposent, à leur gré, de la masse des travailleurs qui ont besoin de leur bon plaisir pour pouvoir vivre en travaillant.

Plus l'outillage se perfectionne, plus le travail devient productif, plus les bénéfices des parasites du capitalisme augmentent; mais en revanche, plus les travailleurs perdent en indépendance, en sécurité, et plus ils voient s'aggraver leur misère, car plus grossit le capital social, plus leurs tyrans économiques sont armés contre eux, et moins il y a de travail, c'est-à-dire de salaires pour eux.

Le prolétaire moderne, comme l'homme de la tragédie antique, est le jouet de la Fatalité, et la *Moïra* qui l'écrase et le sacrifie sans pitié, c'est le grand industrialisme capitaliste.

Ce n'est pas non seulement en parlant du grinche de la Bourse, comme le personnage de Ponsard; mais aussi, en parlant du parasite patronal, que le salarié peut dire :

J'ai beau piocher, bêcher et herser le terrain,
Semer et moissonner, battre et vanner le grain,
Me lever avant l'aube et rentrer la nuit close,
Travailler comme un bœuf qui jamais ne repose,
Quand je vivrais cent ans, je ne gagnerais pas
Ce qu'*il* gagne en un jour en se croisant les bras.

J'ai dit *parasitisme patronal*, de bonnes âmes vont se récrier. Où sont, bonnes gens, les anciens patrons qui travaillaient avec leurs ouvriers en atelier, ou tout au moins dirigeaient la maison?

Où sont-ils, vierge souveraine?
Mais où sont les neiges d'antan?

La forme actionnaire « expédient capitaliste » comme a dit P. Brousse, s'étend de plus en plus à toutes les entreprises : production, transit, commerce, elle envahit tout. Après les mines, les chemins de fer, les canaux, les institutions, le crédit, les compagnies pour les transports urbains (tramways, omnibus, petites voitures), les grands magasins aux deux millions d'affaires par jour, les grands établissements métallurgiques et autres. L'*actionnariat* pénètre tous les recoins de la propriété, le gérant remplace de plus en plus le propriétaire et le patron de maison, jusque pour les lavoirs, jusque pour les librairies.

Cette transformation de l'ancien patron, ayant son utilité sociale, en simple *toucheur de bénéfices*, c'est-à-dire en simple parasite, est si générale qu'elle envahit même les industries trop petites pour prendre la forme actionnaire.

De plus en plus, reconnaît un écrivain réactionnaire [1], « les petits patrons ne sont plus des hommes de métier. Ce sont des hommes qui avaient réalisé déjà dans un petit commerce une certaine somme de capitaux et qui les font valoir maintenant sous une autre forme, en plaçant un contre-maître ou un chef ouvrier à la tête de l'exploitation » [2].

Nous sommes bien en face d'un parasitisme qui se généralise. L'ancien patron n'était pas un parasite, car, dit Wirchow (Pathologie cellulaire), tant que l'existence d'une partie est rendue nécessaire par celle des autres parties, tant que cette partie sera utile aux autres d'une manière quelconque, on ne saurait la nommer parasite; elle le sera du moment qu'elle deviendra *étrangère* ou *nuisible* au corps.

L'actionnaire moderne, ou toucheur de bénéfices, est étranger au corps social puisqu'il n'est d'aucune utilité, il est nuisible au corps social puisqu'il s'approprie une part du produit qui manque aux travailleurs dont le dénuement est en raison directe de la force productive.

Or, dit un autre savant [3], « le parasitisme n'est inoffensif

1. Audiganne, *Mémoires d'un ouvrier de Paris*, p. 87.

2. Espinas, *les Sociétés animales*.

3. A bout d'argument, les économistes parleront d'accumulation méritoire. A cela nous répondrons avec Sémérie : « Faire

qu'accidentellement, et son effet normal est de nuire. Il faut par conséquent considérer comme aussi éloigné que possible de l'union sociale, tout être qui se nourrit de la substance d'un autre. Au point de vue physiologique, sa fonction est en opposition avec celle de sa victime; au point de vue psychologique, il n'entre dans la sphère de sa conscience que pour y causer de la douleur, autre signe non moins manifeste d'opposition. Il appartient à un optimisme plus courageux que clairvoyant de chercher une harmonie au sein de la plus âpre concurrence. »

Ce n'est pas nous qui le faisons dire à l'éminent naturaliste. Tout corps qui veut se développer dans la plénitude de ses forces et de sa beauté doit se débarrasser des parasites qui le grugent; quand il ne peut le faire, c'est signe d'infériorité, de maladie ou de dépérissement. Se libérer des parasites, n'est-ce pas ce que veulent les socialistes pour le corps social que dévore le parasitisme capitaliste, lorsqu'ils disent : *Universalisation du travail, de l'instruction et du bien-être*. Ou encore : *Pas de droits sans devoirs, pas de devoirs sans droits*.

Maintenant la science sociale ayant démontré que les forces productives, les capitaux et les produits de tous

---

fortune, c'est-à-dire, attirer à soi, par des moyens plus ou moins licites, une portion du capital humain, est une opération qui n'exige pas beaucoup d'intelligence et qui se passe volontiers de moralité. L'accumulation des grands capitaux suppose, en général, chez ceux qui y aspirent, une cupidité exceptionnelle, et développe, chez ceux qui s'y vouent, des habitudes sordides qui altèrent, au lieu de le perfectionner, le type prolétaire. Le brigandage commercial, où dominent la fraude et la ruse, n'est guère plus honorable que le brigandage militaire où domine la violence. »

genres accumulés par les capitalistes, ne sont que du travail non payé, pas n'est besoin d'enfoncer les portes ouvertes et d'établir par $a + b$ que les bénéfices des capitalistes sont en raison inverse des salaires des travailleurs et *vice versa*, que par conséquent, entre salariés et salariants, les intérêts sont antagonistes. Aussi bien, plus nous démontrons, plus les économistes officiels se bouchent les oreilles pour ne pas entendre. Quinet nous donne dans les lignes suivantes l'explication de cette obstination :

> Quand les hommes sont possédés d'un système dont le temps a passé, vous avez beau leur soumettre des faits, des expériences qui les contredisent; ils ne les voient pas, ils ne les entendent pas. De la meilleure foi du monde, ils nient l'évidence et rien ne prouve mieux que l'ancien système est mort.

Jamais la bourgeoisie n'abdiquera ses privilèges parasitaires, pour se conformer à la justice et se rallier aux tendances égalitaires du prolétariat. C'est pourquoi elle doit être expropriée par la classe montante, qui porte dans les plis de sa robe, le socialisme, c'est-à-dire, la solidarité humaine réalisée.

CHAPITRE VI

CONDITIONS NÉCESSAIRES D'UN PARTI SOCIALISTE

L'histoire nous apprend qu'au-dessus des divergences secondaires et passagères qui s'entrechoquent, comme les fantômes ossianesques dans les brouillards d'éphémères partis politiques, il y a de grandes synthèses sociales dont la réalisation contient toute une civilisation.

Avant de revêtir la forme synthétique qui atteste leur maturité et leur prochaine incarnation dans les faits, ces idées dominantes existent aussi à l'état de fractions et sont laminées par les partis en lutte; mais quand leur application devient une fatalité historique, elles s'incorporent dans une classe, aux intérêts de laquelle elles s'adaptent, elles triomphent, règnent, se corrompent et deviennent rétrogrades, c'est-à-dire nuisibles, avec cette classe elle-même.

Ainsi les trois grandes classes qui jusqu'ici ont tour à tour gouverné le monde et pétri les civilisations, ont apporté chacune une synthèse sociale qui eut d'abord ses bons côtés et qui a dominé le mouvement humain aussi longtemps que ces classes elles-mêmes.

La classe théocratique, en se servant des illusions religieuses, filles de la peur, a donné à nos sauvages ancêtres les premiers rudiments de civilisation et la première idée du devoir.

La classe nobiliaire a donné l'idée de patrie, elle a développé le sentiment de la dignité personnelle et permis les premières manifestations de la liberté intellectuelle.

La classe bourgeoise s'est élevée au nom de la liberté politique et du développement des forces économiques. Elle a pour mission de préparer à la future civilisation industrielle l'accumulation des produits et la puissance productive dont celle-ci aura besoin pour appeler tous les membres de la famille humaine aux mêmes lumières, aux mêmes jouissances.

La classe travailleuse combat déjà pour le socialisme, c'est-à-dire pour la mise en commun des éléments de la production et du transit, pour l'association des efforts et la justice dans la répartition. En d'autres termes, pour l'universalisation de la science, du travail et du bien-être : elle apporte au monde la solidarité.

C'est elle qui est immédiatement et la plus intéressée à l'avénement de la nouvelle forme de civilisation, et c'est par elle seule qu'elle pourra passer dans les faits.

C'est pourquoi les idées de réformes sociales fractionnées peuvent être encore l'apanage de tous les partis politiques; mais c'est aussi pourquoi la synthèse socialiste proprement dite, à mesure qu'elle se formule plus complètement, devient la signification historique de la classe qui a le plus d'intérêt à son triomphe. Cela est tellement ressenti que les partis bourgeois ne voulant pas souscrire à leur décadence politique, ont imaginé de dire qu'il n'y avait pas de *question sociale*, mais des questions sociales, niant ainsi, avec une habileté qu'il faut reconnaître, la *synthèse socialiste* dont la transformation en philosophie générale d'une civilisation nouvelle est la raison d'être historique de l'avénement du quatrième Etat.

Nous sommes dans une période de transition ; la synthèse socialiste n'est pas assez dégagée encore des faits contemporains pour devenir l'évangile de toute la classe ouvrière; mais elle l'est assez pour que l'élite militante de cette classe en fasse sa chose, s'efforce de la faire pénétrer dans tous les cerveaux ouvriers et se voue tout entière, en même temps qu'à la propagande et qu'à l'organisation d'un parti de classe, aux réalisations préliminaires qui doivent servir d'expérimentation.

Par d'autres motifs encore, est nécessitée l'incarnation du socialisme dans la classe ouvrière.

L'antagonisme des intérêts entre bourgeoisie et prolétariat se creuse à mesure que s'agrandit la séparation entre capitalistes et travailleurs. De plus en plus dès lors, la transformation de l'ordre social devient entre eux sujet de guerre, de guerre ouverte et implacable, comme on le voit une fois par génération en France.

A Paris, ce sont des répressions bourgeoises aux 50,000 victimes qui s'abattent périodiquement sur le prolétariat parisien, avant-garde de l'humanité, avec l'inévitabilité d'un fléau géologique. C'est le conflit à l'état aigu : en tant que classe, la bourgeoisie veut conserver; en tant que classe, le prolétariat a intérêt, et un intérêt de plus en plus urgent, à tout révolutionner.

Un écrivain rétrograde pour lequel « la démagogie et tout ce qui l'accompagne constitue le grand danger intérieur » reconnaît lui-même l'intérêt toujours plus grand de la classe ouvrière à la révolution sociale :

Travailler sans cesse, dit-il, à produire des richesses, quand on se sent misérable et impuissant à soulever le poids du destin, voilà le sort de l'ouvrier... Aussi le socialisme est-il aujourd'hui la plus grande force révolutionnaire [1].

Le peuple, dit encore un écrivain bourgeois que nous avons cité [2], n'a pas aidé en 1789 la bourgeoisie à triompher de la royauté, de la noblesse et du clergé, pour relever sur leurs ruines une nouvelle oligarchie. Aucun barrage ne contiendra le formidable courant de la justice sociale. La société française périrait à la peine si elle tentait cette œuvre impie. Ce sont les résistances injustes de ceux qui étant les plus forts, auraient dû tendre fraternellement la main aux plus faibles; ce sont leurs résistances injustes qui ont précisément causé les malaises, les secousses sociales dont la France a souffert depuis cinquante années; ce sont elles qui, en comprimant le feu intérieur ont fait jaillir ses éruptions. De là sont sorties les haines, les discordes, et après les émeutes sanglantes, les répressions plus sanglantes encore.

Ce ne sont là que les manifestations à l'état aigu des antagonismes économiques.

Sémérie voit mieux, lorsque après avoir esquissé la société bourgeoise, il s'écrie [3] :

Présenter cette misérable transition, comme l'aboutissant du grand mouvement révolutionnaire qui agitait l'Occident depuis cinq siècles, était une grossière mystification qui ne pouvait se prolonger que par un système organisé de corruption, dans lequel tout ceux qui avaient quelque valeur étaient directement sollicités, par les plus vives stimulations de leur cupidité ou de leur vanité à s'associer au système d'exploitation sociale, au lieu d'être encouragés à chercher les voies du salut.

Enfin, pour ne pas avoir à s'occuper du prolétariat, et pour

1. Langel, *la France politique et sociale.*
2. Ch. Bigot, *la Fin de l'anarchie.*
3. Sémérie, *la Grande Crise.*

le tenir en dehors du monde légal, on avait considéré la fortune, acquise n'importe comment, comme une condition indispensable de participation au gouvernement, de sorte qu'après avoir poussé la portion plus énergique qu'honnête du peuple à s'enrichir à tout prix, on l'associait à l'exploitation de ses anciens frères, à qui l'on donnait ainsi le démoralisant exemple de la considération obtenue par des procédés qui auraient dû conduire ceux qui les employaient devant la police correctionnelle.

Une politique aussi irrationnelle et aussi misérable, faite de lambeaux contradictoires, et adaptée à un milieu à convictions indécises et flottantes, devait avoir pour agent dans l'ensemble des cas, des hommes peu convaincus, eux-mêmes et plus aptes à soutenir alternativement le pour et le contre qu'à élaborer des conceptions nouvelles. De là l'importance croissante des avocats et des purs littérateurs sous des types de plus en plus dégradés depuis 89, sauf exceptions.

Les convictions profondes sont antipathiques au public ainsi corrompu qui les trouve plus ridicules qu'honorables et qui leur reproche surtout de n'être pas pratiques. Il se trouve ainsi disposé à s'adresser aux classes chez lesquelles l'expression domine la conception et à rechercher dans ces classes, ceux qui sont les moins honorables, de façon à tendre de plus en plus vers la domination des sophistes immoraux et des purs déclamateurs. On ne trouvera pas cette appréciation trop sévère en songeant à tant de noms qui sont sur toutes les lèvres.

Que voulez-vous que devienne le peuple travailleur, en présence d'une telle classe dirigeante, s'il ne se constitue pas en parti distinct pour se sauver lui-même et si, semblable au pieux Enée, il ne quitte, en emportant ses dieux qui lui donneront l'empire du monde, une Troie croulante pour jeter les fondements d'une Rome universelle émancipatrice de tous les êtres humains.

C'est ce qu'ont d'abord indiqué les précurseurs du socialisme :

En face, dit encore Sémérie, en face des bourgeois individualistes et des théoriciens de la misère, en face des libéraux, mélange bâtard de robespierrisme et de bonapartisme, en face des démocrates classiques, fils du jacobinisme pur, se dressèrent les écoles socialistes posant le problème du règlement et la richesse et indiquant par leur nom même, que le règlement ne peut être résolu, d'après elle, que par la prédominance du point de vue social sur le point de vue individuel.

Considéré sous cet aspect, le socialisme marque donc un pas en avant dans la marche de la Révolution.

Maintenant une étape de plus est faite. En devenant de plus en plus une synthèse sociale, ayant en elle puissance de civilisation nouvelle, le socialisme devient de plus en plus la pensée de classe, la mission historique de l'ensemble des travailleurs.

Le *parti ouvrier socialiste français* qui d'ailleurs accepte le concours des bonnes volontés d'où qu'elles viennent, et notamment le concours des réfractaires de la classe bourgeoise, est en France la traduction de ce courant historique et de cette nécessité politique.

C'est parce qu'il est composé, dans son ensemble, de salariés, c'est-à-dire d'hommes du quatrième État, qu'il a seul une signification exclusivement socialiste et qu'il est l'avant-garde de la dernière classe, en marche vers son émancipation.

CHAPITRE VII

POLITIQUE MATÉRIALISTE.

Buckle dit que les philosophes allemands qui sont, sans contredit, les maîtres de la pensée humaine n'ont pas vu leurs hauts enseignements descendre sur leurs concitoyens, et, manne intellectuelle, alimenter les cerveaux populaires, le peuple allemand étant dans son ensemble, ajoute Buckle, plus ignorant, par exemple, que le peuple américain qui ne compte presque pas de sommités philosophiques et scientifiques.

Je ne sais si, depuis vingt ans, qu'il a été formulé, ce jugement est encore exact; mais ce que je sais fort bien, c'est qu'il est applicable à la bourgeoisie occidentale.

Depuis le milieu du XVIIIe siècle, en effet, la classe bourgeoise a produit la plus imposante pléïade scientifique qu'ait vue le monde [1]. Elle a excellé à en tirer tous les résultats

1. Je n'oublie pas qu'un certain nombre de ces savants descendent de la noblesse et que le plus grand nombre est d'origine populaire; mais ils ont reçu l'estampille bourgeoise, ils sont partie intégrante de la civilisation bourgeoise.

matériels possibles, mais elle n'a cherché dans la science qui lui est accessible ni une politique ni une morale nouvelle.

Pendant qu'un grand nombre de ses instruits ont voulu faire profiter tout le monde de leurs études et se sont faits vulgarisateurs, pour mieux pénétrer toutes les intelligences, comme le prophète juif se faisait petit pour révivifier l'enfant de la veuve de Sarepta, la jeunesse bourgeoise, sauf les exceptions bien entendu, s'est détournée pour aller à ses divertissements, et c'est l'élite de la jeunesse prolétarienne qui est allée et va se pénétrer, trop à la hâte, après le dur labeur, de la moderne bonne nouvelle.

Il en est résulté chez les ouvriers socialistes des habitudes scientifiques qui ont rejailli sur leur politique.

Comme on aurait trouvé incompréhensible celui qui, il y a quarante ans, aurait dit aux prolétaires militants français des choses comme celles-ci :

Il ne s'agit pas seulement de mettre beaucoup de passion à la poursuite d'un idéal rêvé, mais encore il faut que notre activité philosophique, politique et révolutionnaire réponde au courant historique, à la situation politique et aux tendances économiques de notre temps, sinon, avec toutes nos prétentions révolutionnaires, nous sommes des réacteurs et nous allons à une défaite nécessaire [1].

---

1. Liebknecht le disait au congrès de Gotha : Le socialisme n'est pas seulement un parti socialiste, mais c'est aussi une science, nous nous développons, nous progressons. de nouvelles pensées exigent de nouvelles formes et ce qui aujourd'hui paraît exagéré peut paraître insuffisant demain. Un programme n'est pas une charte irrévisable quant aux revendications, c'est une somme d'exigences pour un temps donné et

La conviction n'est qu'une force aveugle, quand elle n'est pas éclairée par l'étude de l'histoire et des phénomènes sociaux ; il faut étudier au lieu d'inventer, sans oublier que tout système a sa part de vérité et d'erreurs et que l'ignorance seule peut se figurer qu'elle pessède la vérité absolue.

« Moins on sait, moins on doute ; moins on a découvert, moins on voit ce qui reste à découvrir [1]. »

« Les hommes qui sont parfaitement satisfaits de leur propre savoir, n'essaient jamais de l'accroître. Ceux qui sont parfaitement convaincus de la justice de leurs opinions ne se donneront jamais la peine d'examiner les bases sur lesquelles ces opinions sont élevées. Ils jettent toujours un regard d'étonnement, souvent d'horreur, sur les idées contraires à celles qu'ils ont reçues en héritage de leurs pères, et tant qu'ils sont dans cette condition d'esprit, il est impossible qu'ils puissent recevoir aucune vérité nouvelle qui porte atteinte à leurs conclusions passées [2]. »

« Un des plus grands obstacles qui se rencontrent dans la marche générale et libre des connaissances humaines enseigne, le plus grand physiologiste de notre époque, la tendance qui porte les diverses connaissances à s'individualiser dans des systèmes. Cela n'est point une conséquence des choses elles-mêmes, parce que dans la nature tout se tient et que rien ne saurait être vu isolément et systématiquement. Mais c'est un résultat de la tendance de notre esprit à la fois faible et dominateur qui nous porte à absorber les autres connaissances dans une systématisation

---

une situation particulière ; les revendications changent nécessairement, quant aux points spéciaux, avec les circonstances.

1. Turgot, *Discours à la Sorbonne.*

2. Buckle, *Histoire de la civilisation en Angleterre.*

universelle. Une science qui s'arrêterait dans un système resterait stationnaire et s'isolerait, car la systématisation est un véritable enkystement scientifique et toute partie enkystée dans un organisme cesse de participer à la vie générale. Les systèmes tendent donc à asservir l'esprit humain et la seule utilité qu'on puisse, suivant moi, leur trouver, c'est de susciter des combats qui les détruisent en agitant et en excitant la vitalité de la science [1]. »

Il faut donc, conclut en substance, Claude Bernard, substituer l'investigation aux conceptions subjectives, sans oublier que pour être féconde, l'investigation ne doit pas être systématique [2], car la vérité scientifique sera toujours plus belle que les créations de notre imagination et de notre ignorance.

Dans le monument immortel qu'il a élevé au matérialisme de l'histoire et au scepticisme, Buckle insiste sur le danger de l'absolutisme intellectuel entier dont la malfaisance est en raison même de la conviction :

Mais écoutons-le.

« Il n'y a pas d'homme ignorant, la tradition nous le prouve, qui, animé de bonnes intentions et armé du pouvoir suprême pour les mettre à exécution, n'ait fait plus de mal que de bien ; et l'énormité du mal a été en raison de l'ar-

---

1. Claude Bernard, *la Science expérimentale.*

2. Sans doute, mais il est besoin, en pareille circonstance, d'avoir un but humanitaire.

La même préoccupation scientifique a été formulée par G. Pouchet dans *Pluralité des races humaines* : « Toute idée *a priori*, toute hypothèse n'est bonne qu'autant qu'on ne l'accepte qu'à la condition fermement arrêtée de l'abandonner aussitôt que les faits ne seront plus explicables par elle. Sans cela l'influence en est désastreuse.

deur des intentions et de l'étendue du pouvoir. Mais diminuez la sincérité de l'énergumène, troublez par un alliage la pureté de ses motifs, et du même coup vous diminuez le mal qu'il répand. Son ignorance est-elle doublée d'égoïsme? Il arrivera souvent que vous pourrez mater l'ignorance au moyen du vice et qu'en excitant ses craintes vous restreindrez son action funeste. Cependant s'il n'est pas accessible à la crainte, si son abnégation est complète, s'il n'a pour objet que le bien d'autrui et qu'il poursuive son but sur une large échelle avec enthousiasme et un zèle désintéressé, c'est alors que vous n'avez aucune prise sur lui, aucun moyen de prévenir les calamités, qu'un homme ignorant, dans un siècle ignorant, amènera infailliblement[1]. »

De telles paroles, qui nous apprennent à contrôler sévèrement nos opinions et sont de l'hébreu pour bien des politiciens bourgeois, sont maintenant comprises par les plus intelligents du prolétariat.

Non pas cependant qu'il s'agisse de s'enfoncer dans un scepticisme déprimant ou dans un paresseux fatalisme, il ne s'agit que de savoir toujours comprendre le *déterminisme* des phénomènes[2] et, en ce qui touche particulièrement le

---

1. Buckle, *Histoire de la civilisation en Angleterre*, tome I, p. 264.

2. Le *déterminisme* d'un phénomène n'est rien autre que sa *cause déterminante* ou la cause prochaine; c'est-à-dire la circonstance qui détermine l'opposition d'un phenomène ou l'une de ses conditions d'existence. Ce n'est pas le *fatalisme* qui suppose la manifestation nécessaire d'un phénomène indépendamment de ses conditions, tandis que *le déterminisme n'est que la condition nécessaire d'un phénomène dont la manifestation n'est pas forcée*. Le fatalisme est donc antiscientifique à l'égal de l'indéterminisme. (Claude Bernard.)

socialisme, comprendre qu'il doit être la science des phénomènes sociaux et que son déterminisme réside dans l'évolution économique se mouvant dans les développements de l'histoire, que par conséquent, pour pouvoir parler efficacement au nom du socialisme moderne, il faut connaître le caractère et de cette évolution et de ces développements et s'y conformer.

Tout ceci sans oublier que, lorsqu'elle est encadrée dans une méthode scientifique toujours exploratrice, toujours prête à interroger l'expérience, la conviction, force impulsive indispensable, est la grande force de ceux qui travaillent, combattent et souffrent pour que l'humanité ait un meilleur avenir.

Les militants du parti ouvrier comprennent encore lorsqu'on leur dit : dans son évolution, l'esprit humain passe en général (car les délimitations ne sont pas précises dans beaucoup d'esprits et les phases ne se succèdent pas dans toutes les branches du savoir humain) par trois phases :

1o *La phase sentimentale* qui crée la foi et engendre quelquefois l'intuition.

2o *La phase rationnelle* qui crée la philosophie et son attirail d'observations métaphysiques ; elle permet aussi d'envisager l'idée dans ses développements logiques.

3o *La phase expérimentale* qui a pour condition l'étude des phénomènes naturels et pour but leur modification scientifique (quand ils sont modifiables) pour le bien de l'humanité.

Par beaucoup de côtés, nous touchons à la troisième phase ; mais nous sommes fort empêtrés encore dans les deux premières, comme le prouvent les conceptions encore absolument sectaires et les tendances purement critiques de beaucoup d'entre nous.

En France surtout, nous avons peine à nous soumettre à la discipline expérimentale, ayant en si grande quantité dans nos veines du sang de ces Gaulois que les historiens nous représentent comme possédés de « l'ardeur aux chimères généreuses, de la soif du grandiose impossible, d'une espèce d'enthousiasme raisonneur complété par une vision subjective de l'histoire et une incroyable puissance d'illusion. »

Cependant les socialistes français, pendant que la bourgeoisie de leur nation s'agite encore dans les ténèbres de la métaphysique spiritualiste, de l'empirisme politique et de la décevante jonglerie parlementaire, ont armé leur politique socialiste d'une méthode sinon complètement scientifique, au moins largement expérimentale [1] dans ses mani-

---

1. Quelques-uns des nôtres ont dit *méthode d'observation.* Le terme est impropre. Observation exclusive signifie incapacité de modification.

Ainsi l'astronomie est une science d'observation pure, parce que l'homme est incapable d'agir sur les corps célestes, tandis que la science sociale est une science d'observation *et d'expérimentation,* puisque nous pouvons agir sur les phénomènes économiques. Il y a deux modes d'intervention, l'empirisme expérience non précédée de la connaissance du déterminisme des phénomènes, et l'expérience scientifique qui est basée sur cette connaissance.

Les économistes bourgeois ont aussi prétendu que la science sociale est une science d'observation, arguant, ce qui est une fausseté souffletée par l'histoire, que les phénomènes sociaux ne sont pas modifiables. Les économistes de bonne foi en reviennent et le *socialisme* s'ente sur l'*économie politique* comme la *physiologie* s'est entée sur l'*anatomie,* quand l'organisme animal a été mieux connu et que l'on a compris que partout où s'étend son pouvoir, l'homme ne doit vouloir connaître que pour améliorer.

festations générales. Les partisans du socialisme ouvrier ne sont plus les suivants de tel ou tel utopiste, ils ont appris à voir les phénomènes économiques de la concentration des capitaux voulue par les nécessités de la production moderne, ils en ont conclu, pour éviter le servage et l'affamement des travailleurs qui résulte fatalement de la *féodalisation* des capitaux, à la *socialisation* des forces productives.

De plus, tout en étant pénétrés du bien fondé de leurs conclusions et convaincus du reste que l'expérience en démontrera de plus en plus l'évidence, ils sont tolérants pour les opinions individuelles et appellent à eux tous les travailleurs qui veulent s'affranchir, en même temps que tous les socialistes de bonne volonté, par ce motif assez plausible que le parti ouvrier socialiste doit être le parti des ouvriers socialistes.

La fraction sectaire du parti, qui se vante de pratiquer « l'exclusivisme des idées » est partie de là pour qualifier de *possibiliste* la politique de l'ensemble du parti.

Possibilisme est, paraît-il, une grave injure ; mais nos adversaires ignorent-ils que presque toujours les partis d'avenir ont été baptisés par leurs ennemis, ce qui ne les a jamais empêchés de triompher.

Les gentilshommes flamands, ligués en 1566 pour l'affranchissement de la Hollande et de la pensée humaine, ne furent pas le moins du monde gênés par le surnom de *Gueux* que leur donna Marguerite de Parme et qu'ils ont illustré.

En appelant *Têtes rondes* les révoltés de 1640, les *Cavaliers* ne sauvèrent pas la tête de Charles Ier.

Pas plus que l'abbé Maury ne sauva les dîmes, les corvées,

les privilèges seigneuriaux et la tête de Louis XVI en qualifiant de *Sans-culottes* les révolutionnaires parisiens.

Il ne vient à l'idée d'aucun des anciens combattants de la Commune de se formaliser du nom de *Communards* à eux donné par les Versaillais.

Espérons que si le qualificatif de *possibiliste* doit rester au parti ouvrier socialiste français, il l'illustrera.

Aussi bien, si, comme le dit Espinas [1], une doctrine ne se dégage nettement que lorsqu'elle a été mise en présence de la doctrine contraire, *possibilisme* est infiniment plus conforme au bon sens qu'*impossibilisme.*

« Se déclarer impossibiliste, conclut très bien Joffrin, c'est dire : « Nous nous agitons sans but, nous déclinons à » tout moment le mot révolution, ce n'est que pour la ga- » lerie, nous ne voulons aboutir à rien, notre activité est » aussi vaine que le piétinement du patient dans la roue du » *Warkhouse;* nous haïssons les résultats, nous sommes » *impossibilistes.* » Eh bien, nous, nous ne sommes pas si détachés des biens de la terre. Nous voulons que le parti ouvrier réussisse à mener à bien l'expropriation de la société bourgeoise et la révolution sociale, et qu'il en prenne les moyens.

Si c'est là du possibilisme, nous sommes des *possibilistes.*

Il s'agit maintenant de voir si le parti ouvrier est aussi matérialiste dans son action politique et dans ses actes au jour le jour que dans ses principes philosophiques.

---

1. *Sociétés animales*, p. 31.

CHAPITRE VIII

L'ORGANISATION DU PARTI OUVRIER

Cette organisation qui est sortie lentement de l'action spontanée des groupes est remarquable par son caractère nettement fédéraliste et son respect de l'opinion de tous.

Pas de comité directeur, pas de votes de surprise, les groupes conservant toujours sur toutes questions leur droit de délibération. On a voulu railler cet autonomisme ; il a bien ses avantages.

Le parti tout entier est divisé en six régions fédérales, Centre, Est, Midi, Algérie, Nord, Ouest. Dans une région fédérale complètement organisée, l'ensemble des chambres syndicales et groupes fédérés prend le titre d'*Union fédérative.*

Chaque chambre syndicale ou groupe élit deux délégués ; les délégués réunis constituent le *comité fédéral.*

Il va de soi que les délégués au comité fédéral doivent être choisis parmi les membres du parti habitant la ville où siège le comité fédéral ; mais ils doivent correspondre une fois par semaine avec les groupes d'autres villes qui les ont délégués, et ils doivent les consulter sur toutes les questions à l'ordre du jour. Car il est de règle que chaque fois qu'une proposition importante est faite dans les réunions hebdomadaires du *comité fédéral*, elle est, après discussion, « envoyée à l'étude des groupes » qui donnent mandat à leurs délégués pour le vote. C'est le mandat impératif dans toute sa rigueur. Le *comité fédéral* a pour tâche la centralisation de la correspondance entre les groupes de la région, l'organisation des congrès regionaux, l'expédition des affaires courantes, l'entrée en relation avec les autres *comités régionaux*, la correspondance avec le *comité national*, l'élucidation et le vote (après mandat) des questions à l'ordre du jour, etc.

Comme exposition plus précise et plus détaillée du fonctionnement des *comités fédéraux*, les statuts de l'*Union fédérative du centre* sont ici à leur place :

1° Le comité fédéral est le comité exécutif de l'Union fédérative, il est formé des délégués des groupes adhérents, à raison d'un délégué par groupe et d'un suppléant;

2° Il se divise en autant de commissions que ses travaux l'exigent.

3° Le comité fédéral se réunit une fois par semaine ;

4° Lorsqu'un délégué aura manqué à trois séances consécutives, avis en sera donné officiellement au groupe qu'il représente ;

5° Le bureau du comité fédéral se compose d'un secrétaire et de son adjoint, d'un trésorier et de son adjoint;

6° Ils sont élus pour six mois, toujours révocables et rééligibles ;

7° Les appointements du secrétaire sont fixés à 150 francs par mois; ceux du trésorier à 15 francs par mois.

Le payement pourra être effectué par quinzaine;

8° Le secrétaire est chargé de la correspondance, de la rédaction des procès-verbaux et de tout ce qui concerne l'organisation et les travaux du comité fédéral;

9° Le trésorier est chargé de la comptabilité des recettes et des dépenses du comité fédéral;

10° A chaque séance, le trésorier devra présenter la situation financière;

11° Les comptes du trésorier seront contrôlés par une commission de trois membres, nommés pour six mois, toujours révocables et rééligibles;

12° La commission de contrôle doit :

1° Vérifier les comptes du trésorier au moins deux fois par mois;

2° Contrôler l'état de la caisse;

13° Elle délègue à cet effet un de ses membres, qui signera en marge du livre de. caisse, ce qui attestera de l'exécution de son mandat;

14° En cas de non exécution de son mandat, la commission de contrôle sera révoquée par le comité fédéral;

15° Le président est désigné à chaque séance par ordre d'inscription;

16° Les travaux du comité ont lieu dans l'ordre suivant :

1° Appel des groupes;

2° Lecture du procès verbal;

3° Lecture de la correspondance;

4° Situation financière;

5° Discussion et vote sur les questions à l'ordre du jour;

6° Communications diverses;

17° Les votes se font à main levée, sauf le cas où le vote par appel des groupes aura été demandé et accepté;

18° Les délégués ont seuls droit de vote. Tout membre d'un groupe, adhérent de l'Union fédérative, a droit de parole sur les questions en discussion, mais il ne peut déposer de proposition ;

19° Toutes les propositions devront être déposées au nom d'un groupe adhérent. Une première discussion aura lieu pour la prise en considération. Si la prise en considération est prononcée sur une proposition, celle-ci sera renvoyée à l'étude des groupes, et le vote aura lieu *sans discussion* à la séance suivante;

20° Toutefois, quand les propositions n'auront pas été étudiées suffisamment par les groupes, le vote pourra être ajourné à huitaine;

21° Seules, les propositions ayant un caractère administratif pourront être discutées et soumises au vote dans la séance de leur présentation;

22° Toute proposition doit être déposée par écrit, sauf urgence reconnue par le comité; toute proposition non prise en considération ou repoussée une première fois ne pourra être représentée à nouveau avant un délai de trois mois;

23° Toutes les propositions ne seront adoptées qu'à la majorité des groupes représentés;

24° Les décisions financières et administratives prises par les deux tiers des groupes représentés seront applicables et exigibles à toutes les sociétés adhérentes;

25° Le présent règlement pourra toujours être modifié sur la proposition d'un groupe.

Les régions fédérales du *Centre*, de l'*Est*, de l'*Algérie* et du *Nord* sont complètement organisées et ont des *comités fédéraux* en fonctionnement; celles du *Midi* et de l'*Ouest* tout en étant représentées au *comité national* n'ont pas de *comités fédéraux* organisés; ils sont en formation à Rennes pour l'Ouest, à Marseille pour le Midi. Il arrive quelquefois que l'*Union fédérative* est composée non seulement de groupes fédérés, mais encore de fédérations locales dont les plus connues sont les fédérations de Grenoble, de Saône-et-Loire, de Lyon, de Roanne, de Rennes, de Lille, etc. Le comité des fédérations locales est une image réduite du comité des unions fédératives.

Rien de plus simple que la constitution des groupes du parti ouvrier.

Si c'est une chambre syndicale, elle est formée de la réunion d'un certain nombre d'ouvriers de la même corporation ayant pour but tout d'abord la défense des intérêts professionnels, question de salaires, de dignité, des personnes, etc., et ensuite la défense des intérêts généraux du prolétariat par l'étude des questions sociales et l'action politique.

Les cercles sont composés de coreligionnaires, ayant pour but l'activité en commun pour l'avénement du socialisme. En général, les femmes y sont admises au même titre que les hommes.

Les statuts ressemblent à ceux des chambres syndicales au point de vue administratif, mais les buts sont purement politiques.

Comme caractéristique extrême des cercles, nous donnons les statuts du cercle du 15me arrondissement qui est l'un des plus révolutionnaires de Paris et a plus pour but l'action politique que l'étude des questions sociales :

LE GROUPE considérant :

Que l'étude des questions économiques et sociales, en donnant aux travailleurs conscience de leurs droits et devoirs, et en les faisant participer à la découverte et à l'éclaircissement des lois qui régissent l'humanité, est le principal moyen de détruire le paupérisme et de les conduire à leur émancipation.

Que l'action politique qui a actuellement une si grande (quoique si funeste part) dans notre organisation sociale, doit être employée comme terrain le plus propice pour lutter contre les hommes et les choses de notre société encore plongée dans la barbarie.

Que l'appropriation individuelle des sols, sous-sol, matières premières, instruments de travail et en général de tous les moyens de production, est la cause des douleurs de l'humanité, en constituant deux classes dans son sein : l'une d'exploiteurs, l'autre d'exploités. Que la classe des exploiteurs ne pourra jamais céder volontairement, en faveur des exploités, les privilèges dont elle jouit :

Considérant d'autre part :

Que toutes les entités religieuses sont contraires aux données de la science.

Les membres du groupe d'études et d'action politique et sociale du 15me arrondissement de Paris déclarent :

Qu'ils poursuivront la théorie de l'Égalité sociale par l'étude de toutes les questions économiques et par le groupement des travailleurs sous toutes les formes que la science indique comme devant mener à ce but.

Qu'ils prendront part aux congrès ouvriers et aux élections politiques, ainsi qu'à toutes les manifestations ayant pour but l'affranchissement des producteurs.

Qu'ils répudient toutes les religions prétendues révélées pour ne poursuivre que le principe de la solidarité humaine.

Ils déclarent en outre se rallier au parti ouvrier socialiste révolutionnaire français et à l'Union fédérative du Centre.

STATUTS

Article premier. — Il est formé par tous ceux qui adhéreront aux présents statuts, un groupe d'études et d'action politique et sociale, en vue de combattre sur le terrain électoral toute candidature bourgeoise ne représentant pas les aspirations des travailleurs; et de participer d'une façon effective au mouvement socialiste du jour.

Art. 2. — Son siège social est fixé dans le 15me arrondissement.

Art. 3. — Le groupe fonctionne au moyen d'une commission délégatoire de 9 membres élue en Assemblée Générale des adhérents ; les votes auront lieu au scrutin de liste secret.

Art. 4. — Il sera nommé également par l'Assemblée Générale des adhérents une Commission de Contrôle de 3 membres, laquelle sera élue de la même façon que la commission délégatoire.

Art. 5. — La Commission délégatoire et la Commission de contrôle sont élues pour un mois.

Les membres sortants sont toujours rééligibles. Les deux Commissions sus-nommées sont tenues de se réunir tous les jeudis au siège social pour délibérer sur les sujets à l'ordre du jour. Tous les adhérents y auront voix consultative.

Art. 6. — La Commission délégatoire choisit dans son sein

3 trésoriers se partageant autant que possible à part égale les espèces du groupe, 3 secrétaires se subdivisant le travail.

La Commission délégatoire n'a comme pouvoirs que l'administration du groupe, et l'initiative de tous projets d'ordre politique ou social, qu'elle devra toujours soumettre aux adhérents avant d'avoir une sanction.

Elle devra faire un rapport de ses travaux à chaque Assemblée générale.

Art. 7. — La commission de contrôle a pour mission de veiller à la gestion des finances du groupe, et à la bonne tenue des comptes.

Tous les mois la commission et les trésoriers seront tenus de faire un rapport détaillé à l'assemblée générale sur la situation financière du groupe.

En cas de malveillance dans la gestion des fonds, elle a le droit de convoquer d'office une assemblée générale.

Art. 8. — La cotisation est fixée à 0 franc, 30 par semaine.

Tout adhérent en retard de plus de 4 semaines sera considéré comme démissionnaire, sauf les cas de chômage ou de maladie.

Art. 9. — L'assemblée générale des adhérents a lieu de plein droit le deuxième mercredi de chaque mois. Elle est obligatoire, toute absence sera constatée par un appel nominal à l'ouverture de la séance.

Tout adhérent qui aura manqué trois fois consécutives aux assemblées générales, sera considéré comme avoir manqué à son devoir.

En conséquence il sera convoqué spécialement par lettre pour l'assemblée générale suivante; en cas de non comparution ou excuses, il sera exclu de plein droit.

Art. 10. — Les assemblées générales des adhérents ont les pouvoirs les plus étendus pour traiter les sujets d'ordre politique ou d'économie sociale.

Elles fixent leur ordre du jour.

Art. 11. — Si dix adhérents trouvent qu'il y a urgence de convoquer une assemblée générale extraordinaire, ils doivent en aviser la commission délégatoire laquelle doit le faire immédiatement.

Art. 12. — Les présents statuts sont toujours révisibles.

Les présents statuts ont été discutés et approuvés en assemblée générale des adhérents, du 8 février 1881, qui s'est tenue chez le citoyen Daublier, rue de Javel.

Voici maintenant la signification moyenne :

Cercle socialiste d'Ivry-sur-Seine.

Considérant que l'émancipation doit être l'œuvre des travailleurs eux-mêmes ;

Considérant qu'il n'y a de possibilité d'émancipation que par la formation des travailleurs en parti politique distinct;

Considérant d'autre part qu'il n'y a d'émancipation réelle que dans l'abolition du salariat et la socialisation des forces productives ;

Il est formé à Ivry-sur-Seine un cercle adhérent à l'Union fédérative du Centre du parti ouvrier socialiste français pour étudier les questions sociales et participer à l'action politique du parti.

Règlement :

1° Les adhérents sont reçus aux deux tiers des voix au moins sur la proposition de deux membres.

2° La cotisation est à 10 centimes par mois.

3° Le bureau est composé d'un secrétaire correspondant, d'un secrétaire adjoint et d'un trésorier.

4° Les réunions sont hebdomadaires.

5° Le cercle a pour but l'étude des questions sociales et la lutte politique et économique pour l'émancipation de tous les opprimés et de tous les exploités.

Syndicats et cercles se ressemblent pour le fonctionnement. On se réunit d'ordinaire une fois par semaine pour entendre le rapport des délégués au *comité fédéral*, et prendre les résolutions politiques et administratives jugées nécessaires. Il arrive quelquefois que les cercles se transforment en comités électoraux du parti.

Les groupes étant ainsi organisés, et se reliant par l'envoi de délégués au comité de l'*Union fédérative* et par le paiement d'une légère cotisation fédérale, les fédérations régionales se relient entre elles par un *Comité national* siégeant à Paris et notoirement composé de 30 membres élus par les six *Comités fédéraux* ou groupes fédérés, à raison de cinq membres par région. Il faut dire que les attributions du *Comité national* sont fort restreintes :

Centralisation de la correspondance;

Organisation de conférences par toute la France;

Statistique du parti;

Organisation des congrès nationaux (et des congrès internationaux se tenant en France);

Formation en comité consultatif pour les élus du parti;

Rôle d'arbitre quand les groupes ou les fédérations le demandent d'un commun accord.

Rédaction de manifestes ou de déclarations quand les circonstances l'exigent.

En somme les groupes sont autonomes dans les *Unions fédératives*, et les unions fédératives vis-à-vis du *Comité national*, sauf à respecter le lien fédéral volontaire et à faire preuve de solidarité quand les intérêts du parti sont en jeu.

C'est la réalisation du self gouvernement des groupes librement fédérés pour une action et des buts communs.

CHAPITRE IX

ACTION DU PARTI OUVRIER

L'action du parti ouvrier se manifeste notamment par ses groupes (chambres syndicales ou cercles), ses fédérations, ses campagnes électorales, son action dans les grèves, ses congrès régionaux et nationaux, ses conférenciers.

Dans les groupes, elle se borne à une étude mutuelle des questions sociales, à l'organisation de la propagande locale et à la préparation des campagnes électorales.

Sur ce champ restreint, l'activité des groupes ouvriers est très grande, si grande, qu'elle a souvent vaincu des groupements plus nombreux, appuyés par une presse formidable.

Nous avons déjà vu en quoi consiste l'activité des *comités fédéraux*, ces *chambres consultatives régionales* du prolétariat socialiste.

Chaque fois que le parti doit se prononcer sur un fait ou sur un intérêt régional important, c'est le *comité fédéral* qui élève la voix. Relier les groupes, parer aux nécessités surgissantes, organiser les congrès régionaux, telles sont ses principales attributions.

Les campagnes électorales ont un double but : porter devant l'opinion les idées socialistes et augmenter l'effectif du parti; en troisième lieu, seulement arrive la préoccupation de la réussite.

Ainsi envisagées, les campagnes électorales du parti ont eu de grands résultats; elles ont fort contribué à la diffusion des doctrines du parti et à l'extension de celui-ci.

A titre de document, je vais donner celui de nos programmes électoraux qui a été le plus discuté ces derniers temps :

Campagne électorale municipale du 30 avril, à Montmartre, programme qui a triomphé avec Joffrin :

PROGRAMME GÉNÉRAL

Considérant,

Que l'émancipation des travailleurs doit être l'œuvre des travailleurs eux-mêmes;

Que les efforts des travailleurs pour conquérir leur émancipation ne doivent pas tendre à constituer de nouveaux privilèges, mais à établir pour tous les mêmes droits et les mêmes devoirs;

Que l'assujettissement du travailleur au détenteur du capital est la source de toute servitude politique, morale et matérielle;

Que, pour cette raison, l'émancipation économique des travailleurs est le grand but auquel doit être subordonné tout mouvement politique;

Que tous les efforts faits jusqu'ici ont échoué, faute de solidarité entre les ouvriers des diverses professions dans chaque pays, et d'une union fraternelle entre les travailleurs des diverses contrées;

Que l'émancipation des travailleurs n'est pas un problème simplement local ou national, qu'au contraire ce problème intéresse toutes les nations civilisées, sa solution étant nécessairement subordonnée à leurs concours théorique et pratique;

Que le mouvement qui s'accomplit parmi les ouvriers des pays les plus industrieux du monde entier, en faisant naître de nouvelles espérances, donne un solennel avertissement de ne pas retomber dans de vieilles erreurs, et conseille de combiner tous les efforts encore isolés;

Par ces raisons,

Le Parti ouvrier socialiste dans le dix-huitième arrondissement déclare :

1. Que le but qu'il poursuit est l'émancipation complète, non pas seulement de la classe salariée, mais aussi de tous les êtres humains, sans distinction de sexe, de couleur et de nationalité;

2. Que cette émancipation ne sera complète que lorsque les moyens de production seront mis par la société à la disposition de tous et que « chacun donnant selon sa force recevra suivant ses besoins; »

3. Que pour atteindre à cette émancipation, il est nécessaire de former, *sur le terrain de la séparation des classes*, en face de la coalition des partis bourgeois, la somme des forces ouvrières;

4. Qu'il y a lieu pour lui de réaliser *comme moyens*, la conquête des pouvoirs politiques et administratifs détenus comme instruments de règne par la bourgeoisie, et de les mettre au service du prolétariat;

5. Qu'en présence des continuelles fins de non-recevoir opposées par la bourgeoisie à toutes les demandes de réformes, formulées par la classe ouvrière, il est résolu à poursuivre par tous les moyens l'œuvre de son émancipation.

PROGRAMME ÉLECTORAL

Partie politique.

La Commune rendue maîtresse de son administration, de sa police, de sa justice, de son armée :

1. Droit de nomination des maires et adjoints enlevé au gouvernement et élection d'une administration municipale par la Commune;

2. Rémunération des fonctions de conseiller communal et de

toutes celles établies par la Commune; cette rémunération étant basée sur le taux moyen des salaires ouvriers;

3. Ratification des délibérations prises en Conseil, non plus par les agents du pouvoir, mais dans les cas importants, comme celui du budget par exemple, par le vote populaire;

4. Droit d'initiative législatif donné en matière communale aux citoyens, et obligation pour le Conseil communal de discuter, dans un délai déterminé, les projets qui lui seront soumis avec la signature de dix mille citoyens;

5. Publicité des séances. — Publication d'un bulletin officiel communal. — Affichage des décisions prises en conseil;

6. Droit de vote et droit à l'éligibilité rendus aux femmes dans la Commune;

7. Introduction en matière judiciaire des principes de l'arbitrage et des jurys élus par les électeurs de la Commune;

8. Armement dans la Commune de tous les citoyens. Désarmement et licenciement des troupes de police;

9. Droit de révocabilité du mandataire confié au comité qui a soutenu sa candidature;

10. Liberté de coalition et d'entente entre les différentes Communes;

11. Mandat donné à chaque conseiller municipal de voter contre toute candidature de délégué sénatorial.

Partie économique.

La Commune maîtresse de ses services publics :

1. Transformation en services publics communaux (ou départementaux) des monopoles des grandes compagnies (omnibus, tramways, eaux, gaz, etc.), tous ces services devant fonctionner désormais, sinon gratuitement, au moins à prix de revient;

2. Etablissement par la Commune d'industries municipales, pour qu'en vertu de leur droit à l'existence, les travailleurs mis à pied par les crises, les grèves et les transformations de l'outillage, reçoivent du travail, et que la Commune s'achemine ainsi du régime de la propriété privée au régime de la propriété publique;

3. Enseignement intégral gratuit de tous les enfants mis pour leur entretien à la charge de la commune, jusqu'au jour où l'État consentirait à prendre dans ses dépenses la part qui lui revient;

4. Création de greniers, minoteries, boulangeries, constructions de maisons salubres, le tout à titre municipal, pour combattre les spéculateurs au profit des travailleurs, dont le coût d'entretien de la force de travail baisserait par suite de la vente et de la location faites à prix de revient;

5. Généralisation du service de statistique communale;

6. Réorganisation des services d'hygiène médicale et pharmaceutique;

7. Organisation par la Commune de son assistance et des différents services de la sécurité publique.

La Commune maîtresse d'intervenir dans les questions de travail :

1. Par des lois de garantie;

2. Par des mesures tendant à ce que le travail des prisons ne fasse plus concurrence au travail libre;

3. Par les secours donnés, en cas de grève, aux ouvriers grévistes contre les patrons.

La Commune maîtresse absolue de son budget :

1. Suppression du budget des cultes;

2. Cessation des aliénations des biens communaux et retour à la société de ceux déjà aliénés;

3. Suppression des octrois et remplacement de tous impôts (directs et indirects) par un impôt unique payé à la nation par la commune, et perçu par celle-ci sous la forme d'un impôt fermement progressif frappant tous les revenus qui dépassent trois mille francs.

Le candidat accepte le mandat impératif; remet sa démission en blanc à la disposition de son Parti; et s'engage à rendre compte de son mandat à ses électeurs une fois par session.

Grèves. — On ne put jamais empêcher la bourgeoisie de croire, il y a douze ans, que l'*Internationale* était l'organisatrice des grèves.

La vérité est que souvent les grèves la détournaient fort de son œuvre d'organisation; mais, association prolétarienne, elle se devait aux prolétaires en lutte contre les capitalistes pour la défense de leur dignité d'homme, de leur santé ou de leur pain quotidien. Aussitôt donc qu'une grève importante éclatait, elle ouvrait des souscriptions pour les affamés, les aidait de ses conseils et les défendait dans la presse tout en s'efforçant de les amener dans ses groupements fraternels.

C'est exactement ce que fait le *Parti ouvrier*, et cette tactique lui réussit, car elle lui vaut de nombreux adhérents. Quant à susciter les grèves, nos adversaires qui nous en accusent, connaissent bien peu les possibilités du parti et encore moins l'organisation ouvrière.

Les grèves facilitent singulièrement le groupement ouvrier. En outre, elles ont cela de bon que, par les réunions et les organisations qu'elles nécessitent, elles forment les prolétaires intelligents à la parole en public, leur donnent des idées d'administration, les rendant ainsi d'autant plus aptes à travailler plus efficacement pour leur parti.

Congrès. — Les buts principaux des congrès régionaux sont l'agitation des idées et la propagande locale. Il faut reconnaître que les résultats n'ont pas toujours répondu aux efforts; cela tient à la mauvaise procédure intérieure de ces congrès. On sait en quoi elle consiste : une défilade de rapports au hasard de la fourchette (car les rapports étant trop nombreux, on doit tirer au sort ceux qui seront lus), puis, à l'issue du congrès, une *Commission des résolutions*, bâclant le travail.

Nous devons cette belle tradition au congrès coopératiste de 1876; le procédé était soutenable alors, puisqu'il s'agissait seulement de *doléances ouvrières* terminées par des *vœux*. Mais maintenant que nous sommes un *parti politique*, il faut une autre distribution du travail, si l'on veut des congrès féconds et ordonnateurs.

Comme cette procédure était aussi en vigueur pour les congrès nationaux, avec infiniment de raison, le congrès de Reims a repris la tradition internationaliste : renvoi à des commissions spéciales, qui en font des résumés et présentent des conclusions, de tous les rapports de groupes.

Les avantages de ce mode de procéder ont été si visibles que le troisième congrès régional s'en est beaucoup rapproché par ses nominations de commissions, aussi ce congrès a-t-il eu une tout autre action que les précédents.

Tenir les assises annuelles du parti, discuter les grandes questions théoriques, la ligne politique, et fixer l'organisation administrative du parti, tel est maintenant le but des congrès nationaux qui furent d'abord purement déclaratifs.

Il est dit dans une pièce officielle du Parti :

Nos premier et deuxième congrès (Paris 1876 et Lyon 1878), reconnurent l'antagonisme des intérêts et la nécessité, pour les travailleurs soucieux de s'affranchir, de suivre une politique de classe.

Notre troisième congrès (Marseille 1879) reconnut que, vu la situation économique et politique actuelle, les ouvriers socialistes et leurs adhérents venus des autres classes devaient, constitués en parti politique distinct, poursuivre par tous les moyens la socialisation de la matière et des instruments de travail, cela, sous peine de devenir les serfs de la féodalité capitaliste qui se forme sous nos yeux et monopolise violemment les moyens de production.

Ceci admis, notre quatrième congrès (le Havre 1880) vota un programme électoral pour les élections de 1881.

Vint notre cinquième congrès (Reims 1881) qui, après avoir

consacré à nouveau les données générales émises par le congrès de Marseille, s'occupa surtout de l'organisation complémentaire du parti. A cet effet, entre autres mesures d'organisation, il sanctionna la formation d'un comité national du parti, composé de cinq délégués de chacune des six fédérations françaises; puis il mit à l'étude des fédérations l'élaboration d'un nouveau programme qui ne devra pas sortir des idées générales du parti. Enfin, conformément aux résolutions des congrès de Lyon, de Marseille et du Havre, il déclara le *Prolétaire*, journal officiel du parti.

En septembre prochain aura lieu à Saint-Étienne notre sixième congrès national.

Ce congrès aura pour mission de compléter l'organisation du parti, de s'occuper de ses revendications immédiates et enfin de fixer la date et l'ordre du jour du prochain congrès international qui, conformément aux résolutions du congrès de Coire, devra se tenir à Paris dans le courant de l'année prochaine. (*Circulaire du comité national aux divers partis ouvriers socialistes de l'étranger.*)

Presse. — Un régionalisme exagéré a jusqu'ici empèché le parti d'avoir un journal quotidien à lui. Depuis la chute de l'*Émancipation*, l'administration du *Prolétaire* a fait de vaines tentatives en ce sens. On préfère s'épuiser à soutenir des journaux régionaux à publicité plus rare, dont l'influence et l'action sont toujours très limitées. L'outillage journalistique du parti n'est pas considérable : Le *Prolétaire*, organe officiel, hebdomadaire, l'*Émancipation sociale* de Narbonne, tri-hebdomadaire, le *Socialiste* de Perpignan, hebdomadaire. Ajoutons la *Bataille* de Lissagaray, qui est à la disposition du parti.

Comme journaux voisins nous trouvons : l'*Intransigeant*, de Rochefort, l'*Electeur républicain*, de Tony Révillon, et l'*Autonomie communale*, de Xavier de Ricard (Montpellier), qui ont vis-à-vis du parti une attitude sympathique. Enfin les dissidents ont le *Citoyen*, quotidien, et l'*Egalité*, hebdomadaire.

C'est pauvre comme l'on voit, et encore la propagande écrite est-elle aussi entravée par une guerre intestine.

Conférences. — Autrement voyante est l'action des conférenciers.

Dans les époques de recueillement ou de compression, l'étude des questions est plus favorisée, tandis que dans les époques d'agitation, comme la nôtre, cette étude est fort négligée : il y a, par suite, pénurie de livres et de brochures, et la rareté n'est pas remplacée par la qualité. On ne peut plus traiter les questions qu'au vol, tout au plus dans l'article de journal, trouvé même trop lourd. Dès lors la suprématie appartient à la parole, toujours plus compréhensible et plus actuelle que l'écrit.

Pour le parti ouvrier socialiste français, on peut dire que, depuis 1881, il a dû presque tous ses progrès à la propagande parlée, qui plus que la propagande écrite est en même temps une action politique par les réunions nombreuses et fréquentes qu'elle nécessite.

Le parti est d'ailleurs fort bien outillé pour cette propagande. Il me suffira de citer parmi les orateurs ou conférenciers de Paris : Chabert, le doyen des orateurs du parti, à la parole abondante, sympathique et puissante ; John Labusquière, un tribun populaire de grande force; Léonie Rouzade, oratrice éloquente et spirituelle conférencière, Deynaud *debatter*, abondant, original et serré ; P. Brousse, orateur méthodique, excellent pour élucider les questions ; J.-B. Clément qui parle avec éloquence un langage simple et ému, fait pour passionner les foules ; J. Joffrin un véritable orateur prolétaire, abondant et populaire; J. Allemane, orateur véhément et d'un correct qui va jusqu'au classicisme ; Fournière, dont les discours toujours substantiels tranchent avec précision et force.

Viennent ensuite recommandables à des titres divers : Piéron, Harry, Prudent Dervillers, Paulard, Bouty, André Gely, Balin, Hérivaux, Lecler, etc.

En province, le parti est plus dépourvu d'orateurs.

Nous trouvons à Montpellier, Paule Minck-Negro, oratrice émouvante et conférencière justement appréciée; G. Rouanet de Narbonne, qui s'est révélé récemment avec des succès bruyants, J.-B. Dumay du Creusot, orateur précis et satirique en même temps qu'excellent conférencier, jouit dans l'Est d'une réputation méritée. Brugnot de Lyon expose magistralement les questions. Badelon et Farjat, de Lyon aussi, Pierre Coupat de Saint-Etienne, sont également à citer; Chalumeau, de Saint-Etienne, est un de nos meilléurs orateurs prolétariens. On cite encore à Saint-Etienne, Goudefer, Joly, Mounier, Ava, la citoyenne Gillier. On cite encore, comme propagandistes dans les assemblées ouvrières, Demay de Rennes, Lefebvre de Rouen, Moreau d'Alger, Mélin et Pedron de Reims, Decarme et Ricbourg d'Armentières, Calais, Darcy et Desparis, de Roanne, etc., etc.

Ajoutons à cette liste l'éloquent député de Marseille, Clovis Hugues qui s'est formellement engagé à mettre sa brillante parole au service du parti ouvrier. Il faut aussi noter, parmi les dissidents, un orateur de grande valeur, abondant et logicien, surtout quand il traite les questions économiques, le citoyen Jules Guesde.

C'est surtout à Paris qu'abondent les orateurs du parti ; il en résulte que les orateurs parisiens doivent constamment parcourir la France pour répondre aux invitations qui leur sont faites, et porter ainsi partout la bonne nouvelle socialiste. La distribution des conférenciers est habituellement faite par le *Comité national.*

Les conservateurs que la curiosité amène dans nos réunions ouvrières peuvent quelquefois trouver que quelques-uns de nos orateurs n'ont pas un langage complètement académique ; mais il leur serait plus difficile de les réfuter, notamment dans la partie critique.

Sur ce point nos orateurs, après avoir exposé, en termes saisissants, la triste situation du prolétariat, n'ont pas de peine à démontrer l'inanité des réformettes bourgeoises frappant toujours à côté. Ils insistent extrêmement, trop exclusivement, selon moi, sur l'impuissance et la mauvaise foi, au point de vue socialiste, des radicaux. Ils reviennent ensuite sur la nécessité où sont les travailleurs de se constituer en parti politique distinct, s'ils veulent préparer leur émancipation. Il y a là une argumentation irréfutable qui gagnerait quelquefois à être moins virulente.

Avec autant et plus de raison, les orateurs prolétariens s'attachent à démontrer que, dans le présent comme dans le passé, le mouvement politique et économique est impulsé et dominé par l'antagonisme des intérêts et la lutte des classes ; là est la base historique du socialisme moderne. L'action politique du parti est exposée selon les tempéraments des orateurs ; les uns parlent surtout de l'activité préparatoire, les autres de l'action révolutionnaire proprement dite.

Toutefois, la moyenne des opinions a été assez bien rendue dans le rapport général du troisième congrès régional du Centre que je résume :

Il n'y a d'espoir d'affranchissement pour la classe ouvrière que dans le transfert des conflits économiques sur le terrain politique. Car en s'en tenant aux résistances et aux tentatives purement économiques, telles que : coalitions, sociétés corporatives et coopératives, le prolétariat serait toujours vaincu par les détenteurs de la fortune publique.

Pour déposséder la classe dominante et restituer à tous, par la socialisation, les forces productives, il faut s'emparer des pouvoirs politiques par le vote ou par la force, suivant les circonstances. Comme acheminement à cette conquête, qui est elle-même la préface obligée de la révolution sociale, la conquête des municipalités doit occuper une plus grande place dans notre activité actuelle.

Les municipalités conquises par nous, constitueront autant de fortes positions d'où nous pourrons battre en brèche la grande forteresse capitaliste, et si elles ne peuvent contribuer à l'amélioration des destinées ouvrières les plus malheureuses, ce qui reste à discuter, elles serviront au moins à faire à la bourgeoisie une série de mises en demeure qui la mettront dans cette alternative : ou céder à certaines revendications ouvrières et se désarmer d'autant, ou créer une situation révolutionnaire dont le dénouement ne saurait être douteux, car les prolétaires ne veulent plus être ni opprimés, ni exploités, et quelles que soient les épreuves qui les attendent, ils triompheront du vieux monde et réaliseront la justice sociale.

En attendant la possibilité d'une action générale sur le monde économique après une victoire prolétarienne socialiste, qu'elle soit électorale ou révolutionnaire, il faut tâcher de porter la révolution économique dans les municipalités, et ce tout d'abord par la poursuite des mesures suivantes :

Extension du suffrage aux femmes.

Suppression des octrois et leur remplacement par une taxe progressive sur les revenus à partir d'un certain chiffre.

Universalisation réelle de l'instruction ; repas scolaire et habillement des enfants par la commune ; organisation sérieuse de l'instruction professionnelle.

Reconstitution rapide des biens communaux.

Transformation immédiate en services publics communaux des grandes Compagnies, gaz, omnibus, tramways, des travaux de voirie et des égouts.

Organisation d'un service d'approvisionnement par la municipalité ; création de greniers d'abondance, minoteries, boulangeries, boucheries, etc. Ouverture graduelle de bazars communaux, en un mot communalisation progressive des diverses branches de l'échange et des principales industries de consommation.

Expropriation aussitôt que faire se pourra de la propriété bâtie, pour que les logements entrent dans la catégorie des services communaux, et en attendant construction de maisons salubres pour la classe ouvrière, louées à prix de revient afin de déterminer la baisse des loyers.

Droit à l'assistance pour tous les invalides et droit au travail pour tous les valides frappés de chômage, après un certain temps de domicile dans la commune.

Médecins et médicaments assurés gratuitement.

Logement gratuit des vieillards.

Crédit municipal aux associations ouvrières.

Adjudication des travaux des municipalités à des sociétés ouvrières.

Transformation d'une partie du budget en caisse de réserve pour les crises, les grèves, etc., organisation d'ateliers municipaux intermittents dans ce but.

Intervention des communes, au nom de l'hygiène, de la morale et de la justice dans les relations économiques, travail et commerce.

Établissement de la garde nationale gardienne des conquêtes

populaires, et préparation à la suppression des armées permanentes.

Fédération des communes socialistes.

Mais jamais le but économique suprême : la socialisation des forces productives n'est laissé dans l'ombre par nos orateurs.

Il faut les entendre, du haut d'une tribune tendue de rouge, dérouler, devant un auditoire passionné, les envahissements de la féodalité capitaliste, la disparition rapide du patronat lui-même, refoulé par l'*actionnariat* qui envahit tout, ruinant petits patrons et boutiquiers et rejetant la petite bourgeoisie dans un prolétariat de plus en plus asservi, de plus en plus misérable.

Devant cet état de choses et si l'on veut éviter à tout prix un féodalisme industriel effroyable qui aurait pour contrepartie un asservissement général des masses affamées, il n'y a qu'un remède et ce remède c'est la socialisation graduelle, *pacifiquement si possible sinon violemment*, de la matière et des instruments de la production et du transit.

Vient ensuite l'excursion théorique.

La révolution économique sera complétée par la transformation sociale qui émancipera tous les êtres humains *qui souffrent des autres*, selon une belle expression d'Aurélien Scholl [1], au fur et à mesure de leur entrée dans la nouvelle civilisation, et ce par le développement intégral de tous, par l'abolition des classes, par l'universalisation du travail, de l'instruction, des jouissances intellectuelles et artistiques et du bien-être.

---

1. Lettre à l'auteur.

Tout cela, concluent les orateurs ouvriers, ne se peut en dernière analyse que par la révolution, c'est-à-dire en suite d'une victoire insurrectionnelle.

C'est en effet probable, je dis probable, car il reste l'hypothèse non impossible d'une victoire électorale décisive, permettant au prolétariat, maître du pouvoir politique, de procéder légalement à la révolution économique qui l'émancipera. Le choix des moyens dépendra de l'attitude de la bourgeoisie. L'incontestable, c'est la fatalité d'une crise révolutionnaire et d'une transformation économique.

Déjà, nous l'avons indiqué, le capitalisme ne peut plus se contenter des grandes accumulations individuelles, il doit recourir à l'expédient de l'*actionnariat* qui est une aggravation et l'inauguration des servitudes collectives prédites par Fourier.

Et qu'on ne vienne pas dire que la forme actionnaire permet l'extension du droit de propriété.

Depuis 1840, nous savons par Rodbertus que contrairement aux affirmations sophistiques de Bastiat et de son école, plus l'effort du travailleur (par suite de la plus grande division du travail et du perfectionnement de l'outillage) est productif, plus est petite la part attribuée à ce même travailleur, car plus il produit vite, moins son travail est demandé et plus il est lui-même livré à l'arbitraire capitaliste.

Pour ce travailleur le perfectionnement de l'outillage, si rapide à notre époque, se traduit par des chômages meurtriers, des augmentations intensives et extensives en efforts et en durée de la tâche journalière, allant souvent, avec des baisses de salaires, car la plus grande *productivité* des bras diminuant la quantité dont on a besoin pour la production, il y a encombrement de *bras disponibles* sur les *marchés du travail.*

Rien dans la société actuelle ne peut redresser cette pente sur laquelle, poussé par la concurrence capitaliste, roule le prolétariat pour s'engouffrer finalement dans un abîme de servitude et de misère jusqu'à la mort par la faim inclusivement.

Ainsi le développement économique moderne en régime capitaliste a pour aboutissant un féodalisme anonyme hissé sur un nouveau servage, tandis que la tendance politique servie par les progrès scientifiques et moraux est toute aux conquêtes démocratiques.

Ces deux courants opposés fondent l'un sur l'autre et la conflagration sanglante est inévitable à moins, nous le répétons, d'une écrasante victoire électorale, permettant aux travailleurs de décréter légalement et de réaliser d'une main ferme leur émancipation.

Les prolétaires n'ont pas d'illusions à se faire; mais ils n'ont pas, d'autre part, à offrir la bataille, quand ils ne sont encore qu'une avant-garde, ce serait une folie et vouloir se faire écraser à plaisir.

Qu'ils deviennent une armée formidable et alors ou ils imposeront la justice sociale par leur seul vouloir, ou ils la conquerront par la force. Ils n'ont pas à préparer la révolution, par de vaines organisations de combats insurrectionnels ; cette révolution fond sur nous d'une aile rapide, de toute la puissance des fatalités historiques et des développement économiques politiques et moraux de notre époque.

Nous avons seulement à nous préparer nous-mêmes aux graves éventualités qui menacent notre génération.

Telle est à peu près la donnée que nos orateurs défendent dans les assemblées populaires, et c'est sagement vu.

CHAPITRE X

MESURES TRANSITOIRES

En dehors des conceptions utopiques, quatre socialistes modernes seulement ont écrit sur les mesures transitoires : ce sont Proudhon, Louis Blanc, Lassalle et Schaeffle.

La tentative d'universalisation des capitaux industriels par le *crédit gratuit* qu'avait conçu Proudhon fut expérimenté, en 1848, avec la *Banque du peuple* et l'échec fut aussi rapide que décisif. Il est inutile de remuer ces cendres. L'Etat seul, mettant en jeu toutes ses forces organiques, peut entreprendre d'universaliser le crédit et, y réussît-il, que ce ne serait pas là, croirai-je, un moyen suffisant pour arriver à la socialisation des capitaux.

On peut penser ce qu'on veut du Louis Blanc de 1871 ; mais il est incontestable que le Louis Blanc de 1846 a présenté un projet de rachat des forces productives qui ne manque pas de mérite, le principe du rachat une fois admis :

Voici l'économie de ce projet que j'ai copié dans l'*Organisation du travail* :

ART. 1er. Il serait créé un *Ministère du progrès*, dont la mission serait d'accomplir la Révolution sociale, et d'amener graduellement, pacifiquement, sans secousse, l'abolition du prolétariat.

Art. 2. Pour cela, le *Ministère du progrès* serait chargé : 1° de racheter, au moyen de rentes sur l'Etat, les chemins de fer et les mines; 2° de transformer la banque de France en banque d'Etat; 3° de centraliser, au grand avantage de tous et au profit de l'Etat, les assurances; 4° d'établir, sous la direction de fonctionnaires responsables, de vastes entrepôts où producteurs et manufacturiers seraient admis à déposer leurs marchandises et leurs denrées, lesquelles seraient représentées par des récépissés ayant une valeur négociable et pouvant faire office de papier-monnaie, papier-monnaie parfaitement garanti, puisqu'il aurait pour gage une marchandise déterminée et expertisée; 5° enfin, d'ouvrir des bazars correspondant au commerce de détail, de même que les entrepôts correspondraient au commerce en gros.

Art. 3. Des bénéfices que les chemins de fer, les mines, les assurances, la banque rapportent aujourd'hui à la spéculation privée et qui, dans le nouveau système, retourneraient à l'Etat, joint à ceux qui résulteraient des droits d'entrepôts, le ministre du progrès composerait son budget spécial; le budget des travailleurs.

Art. 4. L'intérêt et l'amortissement des sommes dues par suite des opérations précédentes seraient prélevés sur le budget des travailleurs; le reste serait employé : 1° à commanditer les associations ouvrières; 2° à fonder des colonies agricoles.

Art. 5. Pour être appelées à jouir de la commandite de l'Etat, les associations industrielles ou agricoles devraient être instituées d'après le principe d'une fraternelle solidarité, de manière à pouvoir acquérir, en se développant, un capital COLLECTIF, INALIÉNABLE ET TOUJOURS GROSSISSANT; seul moyen d'arriver à tuer l'usure, grande ou petite, et de faire que le capital ne fût plus un élément de tyrannie, la possession des instruments de travail un privilège, le crédit une marchandise, le bien-être une exception, l'oisiveté un droit.

Art. 6. En conséquence toute association industrielle ou agricole, voulant jouir de la commandite de l'Etat, serait tenue d'accepter, comme bases institutives de son existence, les dispositions qui suivent : Après le prélèvement du montant des dépenses consacrées à faire vivre le travailleur, de l'intérêt du capital, des frais d'entretien et de matériel, le bénéfice sera ainsi réparti :

Un quart pour l'amortissement du capital avancé par l'Etat; un quart pour l'établissement d'un fonds de secours destiné aux vieillards, aux malades, aux blessés, etc.

Un quart à partager entre les travailleurs à titre de bénéfice; un quart enfin pour la formation d'un fonds de réserve dont la destination sera indiquée plus bas.

Ainsi serait constituée l'association dans un atelier.

Resterait à étendre l'association entre tous les ateliers de même nature, afin de les rendre solidaires l'un de l'autre.

Deux conditions y suffiraient :

D'abord, on déterminerait le prix de revient; on fixerait, eu égard à la situation du monde industriel, le chiffre du bénéfice licite au-dessus du prix de revient, de manière à arriver à un prix uniforme et à empêcher toute concurrence entre les ateliers d'une même industrie.

Ensuite on établirait, dans tous les ateliers de la même industrie, un salaire non pas égal, mais proportionnel, les conditions de la vie matérielle n'étant point identiques sur tous les points de la France.

La solidarité ainsi établie entre tous les ateliers de même nature, il y aurait enfin à réaliser la souveraine condition d'ordre, celle qui devra rendre à jamais les haines, les guerres, les révolutions impossibles; il y aurait à fonder la solidarité entre toutes les industries diverses, entre tous les membres de la société.

Pour cela, des divers fonds de réserve dont nous parlions tout à l'heure, on formerait un fonds de mutuelle assistance entre toutes les industries, de telle sorte que celle qui, une année, se trouverait en souffrance, fût secourue par celle qui aurait prospéré. Un grand capital serait ainsi formé, lequel n'appartiendrait à personne en particulier, mais appartiendrait à tous collectivement.

La répartition de ce capital de la société entière serait confiée à un conseil d'administration placé au sommet de tous les ateliers.

L'Etat arriverait à la réalisation de ce plan par des mesures successives. Il ne s'agit de violenter personne. L'Etat donnerait son modèle; à côté vivraient les associations privées, le système économique actuel.

Mais telle est la force d'élasticité que nous croyons au nôtre, qu'en peu de temps, c'est notre ferme croyance, il se serait étendu sur toute la société, attirant dans son sein les systèmes rivaux par l'irrésistible attrait de sa puissance. Ce serait la pierre jetée dans l'eau et traçant des cercles qui naissent l'un de l'autre en s'agrandissant toujours.

Ferdinand Lassalle [1], le critique mordant au souffle si puissant, est bien hésitant quand il s'agit de reconstruire. Il semblerait que la force critique se développe au détriment des capacités organisatrices; cela semble vrai tout au moins pour Proudhon et pour Lassalle.

Ce dernier est loin, en effet, quand il aborde la partie positive du socialisme réformiste, y est incontestablement inférieur à Louis Blanc, auquel il est pourtant bien supérieur, au point de vue critique.

J'emprunte à de Laveleye (*Socialisme contemporain*), un résumé très exact du plan réformiste du brillant agitateur.

Le rôle de l'Etat, d'après Lassalle, n'est pas seulement de maintenir l'ordre, mais de favoriser tous les grands progrès de la civilisation. Et c'est ce qu'il a toujours fait. N'est-ce pas à l'intervention de l'Etat que l'on doit les routes, les ports, les canaux, les postes, les télégraphes, les écoles ? Quand il s'est agi de la création des chemins de fer, l'Etat n'a-t-il pas donné des subsides ou garanti des minima d'intérêts aux compagnies ? Pour les sociétés coopératives, il faudrait moins d'a-

1. Voyez *Capital et Travail*, par Lassalle.

vances que pour les lignes ferrées. Lassalle estimait que, pour la Prusse, 100 millions de thalers auraient suffi. Il ajoutait que cela ne devait rien coûter aux contribuables. Il fallait, d'après lui, instituer une grande banque centrale ayant le monopole de l'émission des billets. Elle pourrait facilement en maintenir en circulation pour 300 millions de thalers avec un encaisse de 100 millions. Elle aurait trouvé ainsi de quoi prêter aux sociétés coopératives, 100 millions de thalers qui ne lui auraient rien coûté du tout. Les sociétés s'établiraient d'abord dans les districts qui s'y prêteraient le mieux par leur genre d'industrie, la densité de la population et les dispositions des ouvriers. Successivement, il s'en fonderait d'autres dans toutes les branches du travail et même dans les campagnes. L'agriculture pratiquée en grand, donne un plus grand produit net; mais elle a cet inconvénient qu'elle exclut la petite propriété, ce qui transformerait tout le régime agraire, pour le plus grand bien de la société.

La coopération agricole réunirait les avantages de la petite et de la grande culture. Avec 100 millions de thalers, on fournirait le capital industriel indispensable à 400,000 ouvriers, et avec les intérêts annuels à 5 0/0 soit 5 millions de thalers, on étendrait chaque année les bienfaits de l'association à 20,000 ouvriers avec leurs familles. Les sociétés établiraient entre elles des relations de solidarité et de crédit qui leur assureraient une grande solidité. Ainsi, au bout de quelque temps, la nation, au lieu d'offrir le tableau de capitalistes et d'ouvriers hostiles, serait entièrement composée d'ouvriers capitalistes, groupés d'après le genre de leurs occupations. L'Etat n'aurait nullement à jouer le rôle de directeur ou d'entrepreneur d'industrie, bien moins qu'il ne le fait aujourd'hui dans les chemins de fer qu'il exploite. Tout ce qu'il aurait à faire, ce serait d'examiner et d'approuver les statuts des sociétés, et d'exercer un contrôle pour la sécurité de ses fonds avancés. Chaque semaine, les ouvriers recevraient le salaire habituel dans la localité et, au bout de l'année, le bénéfice serait distribué comme dividende.

Les risques, les chances de perte disparaîtraient, parce que l'industrie, au lieu de produire au hasard, marcherait d'après un plan d'ensemble, pour répondre à des besoins connus. Quel contraste, aujourd'hui, entre l'ordre admirable qui règne dans chaque atelier et l'anarchie qui désole le monde industriel! Dans chaque manufacture, le maître veille à ce que rien d'inutile ne soit fabriqué : pour construire 50 wagons à quatre roues, on ne prépare pas plus de 200 bandages. Mais s'agit-il de répondre à la demande générale, qu'on ignore, chaque industriel produit à l'aveuglette et tâche ensuite de tout vendre en faisant la concurrence aux autres. Ce sont alors les crises monétaires et les crises industrielles de la surproduction qui ramènent l'équilibre. Celui-ci n'est obtenu qu'au prix de grandes pertes pour les maîtres et de chômages, bien plus désastreux encore pour les ouvriers. Ces crises, ces souffrances, seraient évitées si, les besoins étant connus, grâce à la statistique, les différentes associations s'entendaient pour y faire face. L'activité des diverses branches de la production pourrait être réglée aussi parfaitement que le sont aujourd'hui, au sein d'un même atelier, les divers genres de fabrication.

Déjà maintenant, il existe de puissants établissements métallurgiques où toute une série d'opérations techniques s'enchaînent de façon à former un tout organique qui tire du sol le minerai et la houille et qui livre, complètement achevés, des locomotives, des navires, des machines de toute espèce : les usines de Krupp en Allemagne, le Creusot en France, Seraing en Belgique, offrent ces combinaisons admirables. C'est ce régime qui devrait s'étendre à la société tout entière. Alors le fonds productif et tous les instruments de production appartiendraient, d'une façon permanente, aux différentes sociétés groupées en corporations de métiers. Les moyens de production nouvellement créés deviendraient la propriété des sociétés, les particuliers, comme tels, n'en ayant pas l'emploi. Au contraire tous les objets de consommation, ou leurs prix, seraient répartis entre ceux qui ont contribué à les produire comme cela a lieu aujourd'hui, mais d'après des bases plus équitables. Le bien-être général serait beaucoup plus grand non seulement parce que la répartition se ferait plus également, mais parce que la production serait bien plus considérable.

Dans sa *Quintessence du socialisme* [1], Schaeffle examine le socialisme au point de vue critique et discute ses moyens de réalisation.

Par la méthode d'élimination, il arrive à concevoir la transformation socialiste comme ci-après :

Expropriation, par rachat, des grandes compagnies, puis des grandes entreprises capitalistes. L'Etat, propriétaire général, créditeur, statisticien, régulateur, contrôleur mais non entrepreneur direct du travail. Crédit assuré à toutes les associations ouvrières pour la possession (non la propriété) de la matière et des instruments de travail. La socialisation des forces productives, avec tout ce qu'elle comporte (travail agricole et industriel) l'organisation des services publics, accomplies pacifiquement et graduellement par la transformation du droit de propriété capitaliste en une somme équivalente de titres de consommations, qui ne seraient que cela, les capitaux productifs n'étant plus à vendre, pas plus que ne le sont, en ce moment, les routes publiques ou les ponts.

Comme corollaire, la monnaie métallique remplacée par des *bons de travail*, ayant *caractère* de titres de consommation. La dette publique également transformée en *titres* de consommation et progressivement abolie.

Schaeffle approuve, en outre, Marx de ne pas se prononcer contre le droit d'héritage, en faisant observer, avec infiniment de raison qu'en régime collectiviste, lorsque la matière et les instruments de travail socialisés ne seront

---

1. Voyez *La Quintessence du Socialisme*, par Schaeffle.

plus individuellement appropriables, le droit d'héritage aura perdu tout caractère nuisible, ne pouvant s'appliquer qu'aux objets d'agréments et de consommation.

Ajoutons que dans une société collectiviste, le droit à la consommation individuelle, formellement réservé par le communisme scientifique moderne, au moins transitoirement, entraîne inévitablement la liberté du don. Dans ces conditions, l'abolition de l'héritage serait une puérilité, parce que sans action possible, et, de plus, dans son intention, une injustice, car s'il est monstrueux qu'en vertu du droit de naissance certains individus s'approprient abusivement une part du capital social arraché aux producteurs, il est naturel qu'un homme ait le droit de donner en souvenir, à un être cher, la montre, les livres ou le tableau auquel il tenait le plus.

Une objection se présente ; si l'on a le droit d'accumuler et de transmettre des bons de travail ou titres de consommation, il pourrait se créer de nouvelles familles d'oisifs. Ce ne serait en tous cas que temporairement et l'on pourrait éviter les abus, en limitant à cinq ou dix ans, la valeur monétaire des *bons de travail.*

D'autres, à l'instar des saint-simoniens, préconisent l'abolition de l'héritage comme moyen d'expropriation. Ce moyen est très dangereux ; il ferait crier autant que l'expropriation immédiate, sans indemnité, et il laisserait les mécontents armés. Ce qu'il y a de possible en ce sens c'est une limitation du droit d'héritage à partir d'un certain chiffre, 50,000 francs par exemple, ne s'élevant progressivement à un taux confiscatoire que lorsqu'elle s'attaque aux plus grosses fortunes, et, même en ce cas, respectant le minimum de fortune exempté de la taxe sur l'héritage.

En ce moment, en France, si les orateurs et les publicistes du parti ouvrier sont très explicites sur la partie critique et sur le but final, ils sont fort réservés sur la question des moyens. Il y a un bon et un mauvais côté à cette réserve.

Le bon côté c'est la décadence des prétentions utopiques. Les socialistes modernes savent que l'humanité ne se pétrit pas comme une cire molle, qu'une société si compliquée que la nôtre ne se transforme pas du jour au lendemain par des mesures arrêtées d'avance en bloc et abstraction faite des nécessités et des possibilités qui pourront naître de circonstances particulières qu'il est impossible de prévoir. On ne peut être fixé que sur certaines mesures générales qui sont, il est vrai, comme l'engrenage dans lequel passera toute la révolution sociale.

Quant au mauvais côté de la timidité concernant la question des moyens, il se résume dans la crainte de passer pour modéré.

Comme il fallait rompre avec les partis bourgeois qui présentent pour solution des réformettes impuissantes, le parti a dû accentuer son attitude révolutionnaire et démontrer que c'est d'une transformation totale qu'il s'agit. On n'a plus parlé, par suite, que de la prochaine révolution qui arrangera tout et l'on a dédaigné la gradation nécessaire des mesures révolutionnaires, comme une chose inutile, voire même réactionnaire.

C'est un tort.

Une victoire insurrectionnelle du peuple ne changerait pas *toto cœlo* les cerveaux du jour au lendemain, ainsi que le croient encore quelques révolutionnaires. Seulement dans les mensonges chrétiens, on voit des langues de feu descendre sur les hommes assemblés pour les pénétrer d'un esprit nouveau. Le lendemain de la révolution supposée plus haut, les prolétaires parisiens victorieux se trouveraient en présence d'une majorité française ignorante et individualiste, et d'une coalition bourgeoise et réactionnaire formidable, prête à profiter des moindres fautes pour soulever le peuple trompé sur ses véritables intérêts et organiser quelque formidable Vendée antisocialiste. Les prolétaires socialistes feraient donc, pour parler comme M. de la Palisse, ce qu'ils pourraient et non ce qu'ils voudraient; ils réaliseraient seulement les transformations dont la nécessité serait bien reconnue, au moins par la minorité armée. J'ajoute que la somme des transformations immédiates possibles dépendra de la date et du caractère de la révolution. Plus la révolution se fera attendre et plus elle sera exclusivement prolétarienne, plus elle aura, au premier jour, de force transformatrice.

Toutefois, d'ores et déjà, il est un minimum de transformations dont la nécessité n'est plus contestée que par les parasites et les réacteurs.

Le congrès de Reims (rapport de la commission doctrinale) en a esquissé la nomenclature :

Les socialistes du parti ouvrier français ne méconnaissent pas l'importance du côté moral de la question sociale. Ils savent que la transformation économique serait incomplète si elle n'était suivie d'une régénération morale non moins nécessaire au bien-être qu'à la *dignification* de l'humanité. Mais ils savent aussi que les hommes sont en général ce que les font les milieux et les conditions de vie qui dominent leurs destinées. En conséquence, l'œuvre la plus pressée, l'œuvre sans laquelle rien de grand dans l'humanité ne pourra être entrepris, c'est la transformation économique à laquelle ils se consacrent tout d'abord.

Cette transformation économique, point de départ d'une société en marche vers le communisme libertaire, signifie dans ses résolutions premières : abolition du salariat, socialisation des forces productives, attribution à chacun (les charges sociales remplies) de l'équivalent de son travail, dont il aura le libre emploi pour l'achat de denrées de consommation et pour ses divertissements.

Cette transformation signifie encore : égalité des droits pour l'homme et la femme, union libre, entretien et instruction professionnelle la plus complète possible des enfants par la société, et, enfin, la vie humaine assurée par la collectivité, dans la mesure des ressources sociales, à tous les incapables du travail.

Comme mesure immédiate, la majorité des groupes représentés indique, outre la transformation immédiate de l'organisme politique, abolition des armées permanentes, du budget des cultes, de la magistrature salariée, de la police politique et le remplacement, après le gouvernement révolutionnaire du jour de la Révolution, des Chambres parlementaires par des délégations fédérales des corporations organisées, la reprise des biens de main-morte, la socialisation des institutions de crédit, des chemins de fer, canaux, marine marchande, mines, et de leurs dépendances : hauts-fourneaux, ateliers de construction, etc.

Viennent ensuite les grandes usines. Partout le socialisme suivra le féodalisme industriel pour restituer à l'humanité ses moyens de production, de développement et de vie.

Pour faire œuvre de réparation, établir l'ordre, la justice et la solidarité dans la production et la répartition des richesses. En un mot, pour transformer en ateliers sociaux attrayants ces bagnes industriels du capitalisme moderne, où des millions d'hommes, de femmes et d'enfants s'exténuent, s'étiolent, souffrent et meurent d'épuisement et de privations, pour produire une plus-value qui, en France seulement, est de plus de quatre milliards par an, au profit exclusif de quelques parvenus.

Comme puissants moyens de réalisation, une idée nouvelle s'est fait jour dans le parti ouvrier français : c'est la conquête des municipalités les plus avancées pour réorganiser socialistement les services publics et prendre position pour mettre, sous plusieurs points à la fois, le gouvernement bourgeois en échec, cela surtout en montrant ce que pourrait faire, pour l'émancipation des travailleurs, l'organisation des services publics communaux.

Il est évident que la reprise par la société (je ne me prononce pas sur le mode, il sera déterminé par le caractère pacifique ou violent, électoral ou insurrectionnel de la révolution) des mines, des chemins de fer, canaux, messageries, (en général tout l'outillage du transit terrien et maritime) que la nationalisation des institutions de crédit, et des grands établissements de préparation du fer, de constructions des machines, des armes, etc., sont tellement urgentes que même les radicaux les réclament [1].

Il n'y a donc pas à hésiter ici.

Le fait de cette première socialisation permettrait (je parle de la France seule) d'affranchir au moins trois millions d'habitants, car non seulement tous les employés aux transports quelconques et tous les ouvriers mineurs comprenant ensemble plus de sept cent mille travailleurs (trois millions de personnes avec les familles) seraient affranchis; mais encore tous les fournisseurs, faisant ensemble un total de près de deux millions de personnes avec les familles pourraient être constitués en associations mixtes de fournitures générales : boulangerie, boucherie, confection, cordonnerie, servants de magasin, blanchisseurs, maraîchers, fabricants de meubles, etc.

1. Discours de Clémenceau à Marseille, octobre 1880.

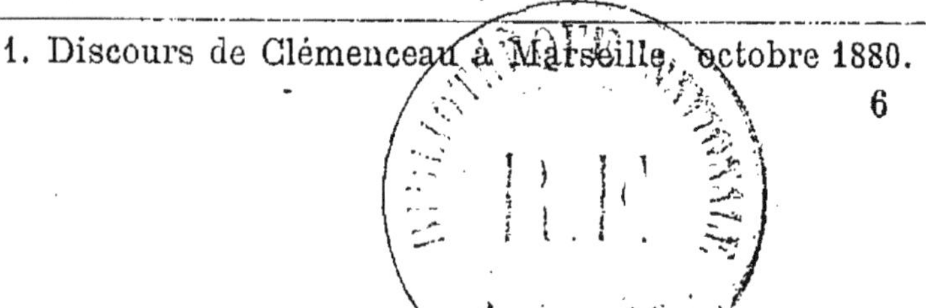

Ajoutez à ces cinq millions d'affranchis : les ouvriers des manufactures de l'Etat, les employés des postes et télégraphes et vous aurez, avec les familles encore, un million de personnes.

Si maintenant les divers syndicats de cette masse ouvrière s'entendent avec des ouvriers, tanneurs, fileurs, tisseurs, agriculteurs, éleveurs et pour les fournitures en commun et ce avec l'aide de l'Etat créditant les associations ouvrières, nous arrivons bientôt au total de neuf millions d'affranchis, plus du quart de la population totale. Et le crédit national serait assuré à toutes les catégories d'ouvriers qui, pour se former en associations productives, auraient recours à lui. Viendrait ensuite la reprise des biens de main-morte.

Où prendrait-on l'argent pour tout cela ? Où a-t-on pris les *dix milliards* qui, abstraction faite de la perte de deux provinces, ont dû être employés à payer la guerre de madame Bonaparte. Avec dix milliards, le gouvernement socialiste révolutionnaire inaugurerait l'affranchissement de millions de prolétaires. La nation, maîtresse d'elle-même, saura bien en trouver autant et plus, s'il le faut, par la suppression des dépenses parasitaires : armée, clergé, magistrature. etc. ; les nouveaux biens nationaux seront là enfin pour répondre des titres de crédit que le gouvernement socialiste jettera sur la place, après avoir procédé à une épuration considérable de la dette publique.

A côté de l'action socialisatrice de l'Etat se manifestant, pour les envahir graduellement. dans l'industrie et le commerce, comme il a été dit plus haut, et dans l'agriculture par l'établissement de *colonies agricoles*, ayant à leur disposition tout l'outillage mécanique et tous les procédés de culture, qu'a permis de créer la science moderne, viendra se placer l'action socialisatrice de la commune, auxiliaire puissante de la première. Dans le ressort de la commune, la réduction en services publics communaux des services médicaux et pharmaceutiques, des compagnies du gaz, et autres compagnies d'éclairage, des omnibus, des tramways, des petites voitures de tous les travaux concernant la voirie, les égouts, la vidange, peut se faire immédiatement. A bref délai, peuvent être établis en grandes quantités les bazars, les minoteries, les greniers d'abondance, les boucheries, les boulangeries de la commune. De plus tous les grands travaux urbains peuvent être confiés à des associations créditées. Enfin dans les grandes villes industrielles, la *communalisation* de la propriété urbaine peut être immédiatement effectuée, tant sont devenues intolérables les vexations et exactions du propriétariat urbain.

Avec toutes ces mesures nous arrivons rapidement à l'affranchissement du tiers de la population totale. L'universalisation de l'instruction, y compris les frais d'entretien, mettrait tous les enfants sur le pied de l'égalité, tandis que la nationalisation des assurances contre la maladie, les chômages, les sinistres, les accidents de tous genres et la vieillesse, assureraient à tous, tous sans exception, valides ou infirmes, un large minimum d'existence et la sécurité du lendemain. Ce seul bienfait social vaudrait une révolution. Mais l'on ne s'en tiendra pas là.

Ce serait un beau commencement de révolution économique et le complément serait facile. En régime de concurrence, ce sont les gros capitaux qui mangent les petits; dans la société bourgeoise cette loi a pour résultat l'absorption de la petite industrie et du petit commerce par les grandes entreprises capitalistes ; en régime socialiste, les grandes entreprises, capitalistes seront, à leur tour, par la simple force des choses, ruinées et absorbées par les plus grandes entreprises communales et sociales qui d'ailleurs poursuivront directement ce but.

Et cela se fera plus rapidement qu'on ne croit ; car, ainsi qu'on l'a dit bien des fois, chaque société reçoit l'empreinte de faits dominateurs qui entraînent tout dans leur orbite. Ainsi la constitution d'un grand nombre de branches du travail humain en services publics entraînera rapidement la socialisation générale des moyens de la production et du transit, puisque si encore une fois les *capitaux associés* sont plus forts que les *capitaux individuels*, les *capitaux sociaux* seront plus forts que les *capitaux associés*, les milliards collectifs plus forts que les millions capitalistes.

Le plus difficile, c'est de franchir le premier obstacle ; une fois la trouée faite, tout le corps social y passera.

Mais l'on commettrait une grave erreur si l'on croyait pouvoir, par décret, réaliser du jour au lendemain le collectivisme complet. Sans doute il y a des crises transformatrices, dont il faut savoir profiter pour instaurer un *nouvel ordre*; mais ces crises sont surtout *destructives* des vieilles formes ; les *reconstructions* sont plus lentes et leur généralisation est toujours graduelle.

Ici une question se pose. Les travailleurs affranchis du salariat seront-ils transformés en autant d'employés de l'Etat ?

Ce ne serait pas désirable, selon moi. On ne peut transformer du tout au tout les lois qu'après une grande réforme éducative et une sérieuse amélioration des mœurs.

Longtemps la responsabilité personnelle sera une nécessité de l'ordre social. La fainéantise et l'escroquerie des deniers de l'Etat qui sont en honneur dans les ministères, concurremment avec la morgue vis-à-vis du public, sont là pour nous inviter à la prudence.

Tant que la régénération morale n'aura pas complété la transformation sociale, le système de fermage aux associations sera, sauf pour quelques services publics, préférable à l'entreprise directe par l'État.

Les mines, les entreprises quelconques de transit, de fournitures, etc., pourraient parfaitement être confiées par l'Etat à des compagnies travailleuses librement formées, moyennant acceptation d'un cahier des charges garantissant une proportionnalité équitable entre les associés, sauvegardant les intérêts du public et fixant la redevance sociale.

Aussi bien le jeune Etat socialiste qui doit être et sera libéré de tout l'attirail répressif et compressif qui écrase la société actuelle, et qui sera naturellement fort inexpérimenté tout d'abord, en face de l'effrayant mécanisme social qu'il s'agirait de faire fonctionner, serait incapable de prendre sur lui, du jour au lendemain, le gouvernement direct de la production et du transit. Il devra, pendant un temps indéterminé, se contenter du triple rôle d'impulseur, de contrôleur et de pondérateur. Encore ne pourra-t-il exercer cette suzeraineté que par la centralisation naturelle des conseils purement économiques, émanés des délégations fédératives à plusieurs degrés des travailleurs.

Je n'entre pas pour aujourd'hui dans les détails du fonctionnement socialiste ainsi compris; ce sera l'objet d'un prochain travail.

J'attends les critiques, toujours les bienvenues, quand elles sont sérieuses et sincères, car alors leur utilité est grande.

Mais il me reste à parler d'une éventualité que les socialistes négligent trop peut-être et avec laquelle il faudra compter : l'intervention étrangère.

Toujours les aristocraties vaincues ont fait appel à l'étranger pour ressaisir le pouvoir; c'est là une vérité de fait dont la démonstration est superflue. La vieille Egypte, l'ancienne Grèce, et, à tour de rôle, la plupart des nations européennes fourmillent de faits de ce genre.

Et ce n'est pas certainement par ce temps de capitalisme international que, par exemple, les bourgeois français vaincus hésiteraient à faire leur *Vendée*, et à organiser leurs *armées de Condé* pour écraser, avec l'appui des nations non révolutionnées, ce qu'ils appelleraient le brigandage démagogique. Soyons sûrs aussi que les divers gouvernements européens n'hésiteraient pas plus que n'hésitèrent les rois, en 1792.

Je me hâte de le dire cette perspective aurait ses bons côtés, si la nation révolutionnée était réellement socialiste; obligée de se concentrer pour la défense, elle serait plus facilement concentrée pour l'organisation et l'état de guerre justifierait des mesures économiques d'une autre importance que celles plus haut relatées; on pourrait prendre des mesures plus radicales que l'opinion générale combattrait en état de paix.

Ensuite, comme le socialisme, lui aussi, devient international, les socialistes de l'Europe entière conspireraient contre leurs gouvernements pour faire triompher dans leur pays aussi la révolution sociale. On n'a pu voir de tels faits pour les révolutions libérales qui intéressaient peu le peuple en somme, à plus forte raison les verra-t-on pour une révolution sociale dont le but sera l'universalisation du travail, de l'instruction et du bien-être.

Sans donc nous effrayer trop du spectre de l'invasion étrangère, en cas de bouleversement économique dans notre patrie, admettons la possibilité d'une tentative de ce genre, pour être en mesure d'y parer quand le jour sera venu. Et nous y parerons par des pactes socialistes avec les autres peuples et par un développement d'énergie qui puisse permettre à un autre Gœthe de dire, une fois encore, le soir d'un autre Valmy : En ce lieu et à cette heure est née une civilisation nouvelle.

CHAPITRE XI

LA RÉFORME ÉDUCATIVE

Le socialisme moderne, en France, est moins utopique que son prédécesseur de 1848; il a jeté la gourme chrétienne qui déparait celui-ci, il se recommande exclusivement de l'histoire et des réalités économiques; mais, il faut le dire, s'il ne vogue plus sur les ailes de l'imagination dans les plaines azurées de l'utopie, son vol est par contre, un peu limité.

Abandonnés par tous les éclairés de la classe bourgeoise — vis-à-vis du peuple, monopolisatrice de la science — les prolétaires socialistes et les quelques transfuges de la bourgeoisie venus à lui, se sont mis de suite à l'agitation, aux négations révolutionnaires et à l'organisation autour d'un programme général d'un parti ouvrier distinct des partis bourgeois.

Toute l'activité théorique s'est concentrée sur l'économie politique, à débarrasser des meurtrières et absurdes abstractions bourgeoises qui l'ont réduite à l'état de catéchisme de l'exploitation capitaliste.

Cette œuvre de démolition et de redressement a été, nous pouvons le dire, faite de main de maître par les néo-socialistes français, sur les traces, trop tard aperçues, de Vidal [1], Pecqueur, Marx, Rodbertus, Engels, Lassalle, Proudhon (ce dernier bien contradictoire). On a ainsi réduit à sa juste valeur, c'est-à-dire à peu de chose, l'économie orthodoxe et obligé les économistes de science et de conscience, ou à reconnaître, comme Stuart Mill, de Laveleye, Wilson, Savage, Schaeffle, etc., le bien fondé de la plupart des revendications ouvrières ou à déclarer, comme Boccardo, que la critique socialiste a détruit la vieille économie politique et que les économistes doivent trouver d'autres arguments pour défendre la société bourgeoise.

Il était difficile de faire plus jusqu'ici, car il faut déblayer le terrain avant de bâtir. Par suite, un grand nombre de questions connexes ont été négligées qui seront abordées, quand les écrivains du parti seront moins absorbés par une propagande fiévreuse, par une action politique multiple incessamment improvisée et par les détails d'une organisation complexe, rendue plus difficile encore par une succession de crises intérieures.

Le plus pressé toutefois, en dehors de l'élucidation des questions économiques, de l'organisation et de l'action politique du parti était d'aborder la grande question de la réforme éducative ou, à proprement dire, de l'*instruction*. Un groupe de l'Union fédérative du centre, *le Syndicat des instituteurs et institutrices libres de la ville de Paris*, s'est chargé de ce travail et l'a effectué d'une façon remarquable. Le projet par lui proposé tout en étant adaptable à une société collectiviste est immédiatement applicable. C'est un grand mérite.

---

1. Voyez *Histoire du Socialisme*, t. II.

Il me suffira, pour faire partager cette conviction au lecteur, de donner ici un résumé du rapport présenté au syndicat par le citoyen Francolin :

CULTURE INTÉGRALE

Quand on considère la race humaine, sans tenir compte des différences profondes qu'une organisation sociale plus ou moins logique établit entre les individus, un fait saute aux yeux : c'est que l'enfant ne peut être rendu responsable des résultats de cette organisation défectueuse; c'est qu'il est d'intérêt général et de justice étroite de le soustraire autant que possible, lui faible et inconscient, aux inconvénients du paupérisme, et de réaliser, là seulement où ils peuvent être réalisés, la liquidation des injustices du passé, le nivellement des inégalités mondaines, la table rase des préjugés, des misères, des esclavages, des obstacles qui ont empoisonné la vie des parents.

Si l'on sent qu'il est nécessaire qu'une révolution s'accomplisse dans la société, pour y amener la justice et le bonheur, il faut que l'éducation soit la base et la condition essentielle de cette évolution, *qu'elle mette à la portée de tous le capital intellectuel et instructif, qui, bien plus que le capital matériel, établit l'égalité entre les hommes;* il faut qu'elle fasse passer le jeune être humain (sans s'inquiéter de sa destinée probable ou de la fortune de ses parents) de l'état de jeune anthropoïde à l'état d'*homo sapiens. L'éducation n'est ni une affaire de classe ou de caste, ni un intérêt individuel; c'est un intérêt de race; c'est la race humaine qui doit faire évoluer ses descendants, depuis le premier terme jusqu'au plus haut degré d'avancement intellectuel du dix-neuvième siècle.*

Pour réaliser cette évolution, le *développement intégral* de l'être s'impose. En nous servant, sans y attacher une idée de séparation absolue, des anciens termes d'éducation physique, morale, intellectuelle, nous disons que, pour tous, le *développement* à ce triple point de vue doit être *complet.* Il ne faut laisser aucune fonction inactive, aucune capacité inerte. Il ne s'agit pas seulement de cultiver les aptitudes spéciales, mais de développer harmoniquement tout l'être et de trouver le moyen de combler les lacunes naturelles de l'intelligence et du caractère, nées du tempérament et de l'hérédité.

Il y a lieu de concilier l'intégralité, avec les effets de la *division* nécessaire du *travail* dans la société. La *spécialisation des aptitudes*, qui résulte de la séparation de plus en plus grande des *fonctions* (pendant l'existence sociale des parents), se transmet par hérédité. Elle menacerait de créer des monstres (c'est-à-dire des êtres extra-développés dans un sens, plus ou moins atrophiés dans l'autre), si l'éducation, par son intégralité, ne ramenait l'équilibre et l'harmonie entre les facultés.

La *vie*, tous les phénomènes complexes de la sensibilité (jusqu'au dernier terme de la sensation, le toucher) sortent des phénomènes d'intégration et de désintégration de la matière organique (H. Spencer). Qu'un anneau de cette chaîne manque et la vie même est compromise; de même de la vie de l'esprit, toute *lacune* compromet l'édifice entier. *Au point de vue social, toute idée qui fait défaut à un être le constitue en état d'infériorité. C'est le retard de certains esprits sur les autres* (des esprits religieux, par exemple), *qui crée dans la société le désaccord des esprits aussi bien que l'inégalité des conditions* [1]. Mais c'est parce que l'éducation n'a pas été vraiment et également intégrale pour tous les individus d'une même race et d'une même époque, que cette *inégalité* subsiste. Rien ne retarde plus le progrès, que ce développement irrégulier, par suite duquel quelques-uns devancent les autres, les guident et veulent les gouverner. C'est là la source des gouvernements autoritaires, des aristocraties dirigeantes.

D'ailleurs, l'homme n'est *isolé* ni dans la *race* humaine, ni dans la série des êtres vivants, ni dans le mouvement de la vie universelle; il est une résultante de mille causes, un anneau d'une chaîne sans fin; il est lié au passé, et devient cause pour l'avenir. Il doit se rendre compte de cette place, et *condenser*

1. Oui, mais c'est l'inégalité des conditions qui entraîne l'inégalité de développement.

en lui l'intelligence et les capacités des *générations* passées. Comme son développement intellectuel résume et suit la même marche que le développement de l'humanité, tel que l'histoire nous le montre, il faut que, pendant l'éducation, il *passe* par tous les termes de l'*évolution historique*. De même dans le sein maternel et dans les premières années de son existence, il passe par la série des fonctions animales inférieures, de même à l'école il continue son évolution en suivant la série graduée et intégrale du progrès intellectuel de l'humanité.

Enfin l'idée de *série* entraîne l'idée de *subordination* des éléments inférieurs aux éléments supérieurs. Les actes automatiquement faits par l'homme, deviennent des capacités naturelles définitivement acquises : il ne s'en préoccupe plus. On sait que le système du grand sympathique régit un certain nombre de fonctions qui s'accomplissent sans que la volonté intervienne, sans même souvent que l'individu en ait conscience; de même, plus le cerveau devient capable d'accomplir automatiquement certains actes (parler, lire, écrire, compter, reproduire, etc.), plus il devient libre d'inventer, de découvrir, d'aller de l'avant dans le champ des connaissances, sans être gêné par l'ignorance des éléments essentiels de la connaissance; aidé puissamment, au contraire, par les secours que lui prêtent cette instruction et cette capacité intellectuelle devenues automatiques. Plus l'homme accroît cette *puissance automatique,* plus il a accumulé l'intégralité des états inférieurs, plus la race voit s'accroître l'activité cérébrale et s'étendre les résultats de cette activité.

INSTRUCTION INTÉGRALE

Or, cette *culture intégrale* de l'être ne peut se faire qu'à l'aide d'une *instruction intégrale.*

De là nécessité de fonder l'éducation sur un programme intégral des connaissances humaines, comprenant :

1° Les *instruments de la connaissance,* moyens d'expression s'appliquant à tous les objets et à toutes les sciences, et comprenant essentiellement, ce qui a rapport :

Aux *formes*, vues par l'œil et reproduites par la main : *Dessin* (écriture, sténographie), *modelage* (sculpture), *peinture*, etc.;

Aux *expressions* des idées, rendues par la parole et entendues par l'ouïe : c'est-à-dire les *langues* (les littératures et leurs formes diverses : poésie, éloquence, etc.); la *musique;*

Aux *nombres*, à la mesure des quantités et des étendues (arithmétique, géométrie), analyse, sciences des rapports;

Aux *mouvements*, tant physiques qu'abstraits : *Gymnastique*, *travail manuel* (industriel, agricole, scientifique ou artistique), *cinématique* (toute la science des mouvements), mécanique sous toutes ses formes : physique, intellectuelle, morale, sociale;

2° Les *objets de la connaissance*, c'est-à-dire la série des *sciences pures*, précédées, au point de vue de la méthode pédagogique (et parfois à celui de l'évolution historique), des *sciences appliquées*, telles qu'elles sont indiquées au tableau ci-joint. (V. p. 111.) A ces branches fondamentales, se rallient accessoirement une foule de connaissances secondaires qui ne sont que le développement ou la conséquence des sciences principales.

Il est bien entendu que c'est un cadre seulement, que nous traçons, et qu'au point de vue pédagogique, on peut y trouver plusieurs grandes divisions correspondant aux divers âges du développement humain.

En effet, la première période comprend l'observation des faits isolés, et cependant choisis, autant que possible, parmi les éléments *essentiels* des connaissances. La classification, l'ordre scientifique ne sont pas apparents. On part des applications industrielles des sciences et de l'étude des phénomènes naturels complexes, visibles, connus, pour les analyser, pour s'élever aux phénomènes inconnus ou invisibles; et par des observations, des explications et des expériences graduées, constituer peu à peu les lois de la science. En réalité, c'est une explication continuelle du vocabulaire scientifique. C'est l'enseignement *élémentaire.*

La deuxième période présente l'*explication* consciente, *coordonnée* des phénomènes; on y refait toutes les expériences et les observations; on leur donne plus de rigueur et de généralité; on découvre les lois, on apprend à en déduire les faits qu'elles gouvernent; on recherche les faits inconnus pour les expliquer; on s'y habitue à l'abstraction; dans les langues, on va de la pratique aux principes, on parcourt la série des idées principales à l'aide des littératures et de l'histoire. C'est l'enseignement *secondaire*, intermédiaire, comme on voudra l'appeler. C'est encore un enseignement essentiellement *général*, qui doit être commun à tous; c'est le développement et le complément logique de l'enseignement élémentaire.

La troisième période comprend la *synthèse* scientifique et philosophique des sciences précédentes; on y prépare les recherches nouvelles, le travail des découvertes. C'est l'enseignement *supérieur* synthétique. Mais un élément nouveau s'y mêle : c'est la culture complète d'une science, d'un art, d'un métier, d'une *spécialité*. — C'est donc en même temps le commencement de l'enseignement *spécial* qui ne peut et ne doit venir que lorsque l'enseignement général a créé l'homme complet.

En résumé :

Intégralité du *développement* et de l'*évolution* de l'individu, parallèle au développement historique de l'humanité;

Intégralité de l'éducation et de la *culture*, et par suite intégralité du *programme* d'instruction, à base encyclopédique;

Intégralité considérée comme *méthode;*

Intégralité de l'*école*, et du système coordonné des écoles de différents degrés;

Intégralité de leur *fréquentation* et de leur *durée* à l'aide de l'*entretien* des enfants par la collectivité,

Assurées à l'*intégralité de la population*,

Telles sont les faces principales du problème éducatif que résout notre formule.

PROGRAMME ET CADRE D'ÉDUCATION ET D'INSTRUCTION INTÉGRALES

de la connaissance. — Moyens d'expression s'appliquant à tous les objets, à toutes les sciences.			
Œil. Voir, reproduire.	*Formes.* Couleurs.	— *Dessin.* Ecriture (Lecture, Sténographie). — *Peinture.* — *Modelage* (Sculpture, Architecture).	Voir. Faire.
Parole. (Ouïe.)	*Expressions.*	— *Langues* (Littérature, Poésie, Eloquence). — *Musique* (Chant, etc.).	Dire.
Tact.	*Mouvements.* (Rapports.)	— *Gymnastique* (Chorégraphie). — *Travail manuel* (agricole. industriel, scientifique, artistique). — *Cinématique :* Mécanique : (Physique, morale, intellectuelle, sociale),	Faire.
Mesures. —	*Nombres.* (Rapports.)	— *Calcul* (Arithmétique, Comptabilité, Géométrie). — *Analyse* (Rapp. et Fonct.) (C. intégral, Probabilités.) Statistique.	Mesurer. Compter.

	(La Natrue physique.)					(La Vie et l'Intelligence.)			(La Société.)		
Enseignement élémentaire.	L'Industrie.	Les Mondes.	La Terre.	Les Forces.	Les Corps.	Les Plantes.	Les Animaux.	Les Hommes.	Les Hommes. (Biographies, monuments, tableaux.)	Les Peuples.	L'Humanité.
Sciences d'application, de culture, de création. *Sciences dynamiques.*	Technologie. Mécanique.					Agriculture.	Zootechnie.	Anthropoculture (Hygiène. Instruction. Education.)	Matériaux : Histoire, Archéologie, Géographie, Statistique, Littérature, Géographie,) Politique. Civilisation.		
Sciences pures. Sciences de connaissance. *Sciences statiques.*		Astronomie.	Géologie. Minéralogie. Géographie.	Mécanique. Physique	Chimie.	Botanique.	Zoologie.	Anthropologie. (Physiolog[ie] Psycholog[ie])		Economique. Morale.	Sociologie.

VOIES ET MOYENS

1° Programme *unique, à base encyclopédique* se développant graduellement selon les âges.

2° Les *lycées* et collèges aussi bien que les *écoles primaires supérieures* doivent en conséquence être le *prolongement logique* des écoles élémentaires, des écoles maternelles, des jardins d'enfants; toutes ces écoles suivent un même programme intégral de culture et de connaissances pratiques et théoriques.

3° C'est après cet *enseignement général, commun* à toute la nation, que se place l'enseignement *spécial*, professionnel, l'apprentissage, le travail producteur.

4° Le collège ou le lycée, sera non pas l'école propre à la classe *aisée;* mais une école ouverte à tous les esprits *précoces.*

5° Il y aura aussi des collèges de filles qui devront avoir, comme toute l'éducation des femmes, pour but premier de *former* d'abord des *mères*, des *institutrices.* Toute école secondaire féminine est une sorte d'*école normale.* La préparation aux professions *spéciales* que les femmes peuvent remplir ne vient qu'*après,* et comme conséquence de cette éducation générale de la maternité.

6° De ce principe dérive la nécessité de rendre l'éducation *mutuelle,* de faire en sorte que les élèves *éduquent leurs cadets des deux sexes.* C'est en même temps le moyen de rendre les enfants *actifs* dans leur propre éducation, et de faire *participer* les moins intelligents aux résultats d'une culture plus *avancée* et d'une instruction plus large.

7° Les *méthodes* doivent rendre facile l'éducation intégrale, en *condensant* les éléments *essentiels* des choses, en établissant des *liens* entre toutes les sciences, de manière à conduire à la *synthèse* de leurs rapports. Partout on suivra la méthode *évolutive* qui suit dans le développement de l'individu la marche qu'a suivie le développement de l'esprit humain; les méthodes seront donc *expérimentales, analytiques, évolutives.*

8° L'un des moyens les plus sûrs de transmission de l'enseignement intégral, c'est l'*enseignement des sciences par les langues,* par les langues principales, tant anciennes que modernes, qui deviennent ainsi réellement des langues *maternelles*, grâce à des méthodes appropriées.

9° Cette éducation de la *maternité* impose une organisation adéquate au but. Le meilleur système est *le groupement* de *petits internats formés par la famille des éducateurs* et comprenant un *petit nombre d'élèves*. Ce système, véritable extension de la famille, ne sépare pas l'élève de la vie ordinaire, l'initie à l'*économie domestique*, à l'existence laborieuse, aux soins des jeunes enfants des deux sexes; il ne l'éloigne pas du *centre* d'instruction, et réunit les avantages de la vie en commun à ceux de la vie en famille.

10° L'*adjonction* de *jardins d'enfants*, d'*écoles maternelles*, d'un *musée vivant* à toute école de filles, est non moins profitable à la protection et à la solidarité de l'enfance que l'*annexion* à tout groupe scolaire d'une classe de *précocité*.

11° Le choix des *locaux* et des *emplacements*, aussi bien que la tenue de *l'école hors l'école* (c'est-à-dire la visite des ateliers industriels et scientifiques), seront rendus faciles par le *transport en voiture*, des élèves et des maîtresses habitant des quartiers plus ou moins éloignés. Le système des *omnibus scolaires* permet de placer, à la *périphérie* des villes, sinon à la campagne, un grand nombre de petits centres secondaires où émigrerait chaque jour, et même le soir, la jeunesse des grandes villes.

12° Le but à atteindre étant que *tous* les enfants soient assurés de l'éducation intégrale, *il faudra prendre les mesures nécessaires pour assurer, en outre, l'entretien des enfants. Les ressources indispensables pour réaliser ce desideratum doivent avoir pour base : 1° la reprise de la propriété indivise de la terre par la nation, et la location à temps, soit aux propriétaires actuels, soit à d'autres citoyens; 2° la conversion et l'amortissement des rentes perpétuelles; 3° l'impôt sur le capital, etc.*

TRANSITION

En l'état actuel, pour l'organisation, la surveillance, la nomination des maîtres, le *système des collèges communaux* est *préférable* à celui des lycées où l'État seul est maître.

Il est donc désirable que dès aujourd'hui, pour l'application de la loi nouvelle, on puisse arriver à la constitution de *comités scolaires spéciaux* où entreraient les *délégués des conseils municipaux et généraux*, les *délégués du corps enseignant*, les *représentants de l'intérêt national*, général, social et de l'administration centrale. Dans ces comités s'opéreraient la *pondération des pouvoirs* et l'*équilibre des intérêts*, et l'on réglerait d'un *commun accord* tous les problèmes d'organisation des collèges d'enseignement secondaire des filles.

(*Extraits du rapport de Gustave Francolin.*)

Approuvé à l'unanimité, dans la séance du 23 avril 1882, par le comité de la Société d'éducation intégrale et libre.

Étaient présents au bureau : A. Ottin, J. Avez, Aug. Desmoulins, A. Paulin, de Filippi, Henriette Van der Sleiden, Avez, de la Berthelière.

Le projet de ce rapport avait été présenté au congrès de Reims, par le citoyen Francolin, et avait été adopté à l'unanimité.

CHAPITRE XII

LES FEMMES DANS LE PARTI OUVRIER

Nous avons reconnu nous-même que le socialisme moderne, s'il avait gagné en précision avait perdu en ampleur; il s'est restreint aux questions économiques, fait qui s'explique.

Etant devenu la chose du prolétariat militant, il devait s'adapter aux aspirations immédiates de ses partisans; puis quelques-uns ont théorisé la chose : rien de possible avant la transformation économique: donc ne nous occupons que de celle-ci. L'affirmation est soutenable; mais il n'en est pas moins vrai que pour emmagasiner la quantité de forces révolutionnaires nécessaires au commencement du *branle-bas*, comme dit le sergent de ville de Léon Cladel, les seules revendications économiques (qui sont la plus grande partie de la question sociale; mais ne la sont pas toute entière) ne sont pas suffisantes. Il est indispensable de faire affluer dans le grand courant socialiste tous les courants politiques et humanitaires qui se dirigent aussi vers cet orient de révolution, d'où jailliront bientôt les aurores de mondes nouveaux.

Une de ces questions justes et passionnantes est la question de l'émancipation domestique, civile, politique et économique de la femme.

Sur ce point, du moins, le parti ouvrier n'a pas hésité. En dépit des efforts de quelques-uns qui voulaient faire renvoyer la préoccupation du sort de la femme au lendemain de la Révolution, il a enveloppé la cause des femmes dans la sienne et il a ainsi acquis une force plus grande.

Ce n'est pas en vain que nos orateurs ont quelquefois dit, avec autorité, dans les réunions populaires : « Citoyens, si vous ne traitez pas vos compagnes en égales et en amies, et si vous les maltraitez ainsi que vos enfants, vous agissez vous-mêmes en oppresseurs et en exploiteurs, vous écrasez le faible; vous n'êtes pas dignes d'être des revendicateurs, car il faut avoir le sentiment de la justice ou mieux de la bonté envers autrui et agir en conséquence pour être bienvenus à réclamer la justice et à combattre pour l'émancipation humaine. »

A Paris et dans l'Est notamment, les femmes ont pris une part importante au mouvement socialiste et sont de ferventes adhérentes du parti ouvrier qui, à son grand honneur, les traite en égales.

De ce chef, un fait d'une grande importance a eu lieu à Paris, en décembre 1881, le *Parti ouvrier* a porté, à titre d'affirmation, ses suffrages sur une femme.

Les lecteurs me sauront gré de reproduire la proclamation du comité électoral féminin qui ouvre une date nouvelle dans les annales du socialisme français.

Il ne s'agit pas ici de vésuviennes ou de rhétoriciennes mal équilibrées, fléau et ridicule des partis politiques ; mais de citoyennes sensées, socialistes sincères, présentant convenablement, sous les auspices du *Parti ouvrier*, une d'entre elles aux suffrages des électeurs démocrates et socialistes :

L'UNION DES FEMMES SOCIALISTES

DE PARIS

AUX ÉLECTEURS OUVRIERS ET DÉMOCRATES DU XIIe ARRONDISSEMENT DE PARIS.

Citoyens,

Les socialistes du *parti ouvrier* dans notre arrondissement, mettant leurs actes d'accord avec leurs principes, ont posé la candidature d'une femme, l'éloquente et vaillante conférencière, *Léonie Rouzade*.

Dans cette circonstance, nous venons, nous, femmes socialistes de Paris, vous dire : Acceptez ce choix.

Les prolétaires et les femmes sont les derniers parias de la société moderne : les uns et les autres sont opprimés, les uns et les autres sont exploités. Ils ne travailleront efficacement à leur émancipation commune qu'en marchant de concert contre la classe dominante.

Nous, femmes socialistes, nous savons que chercher l'émancipation dans la société actuelle, où règne l'exploitation économique la plus effrénée, serait se leurrer.

Nous savons que, seulement par l'avénement du socialisme, nous conquerrons dans la famille, dans l'atelier, dans la société, notre dignité, notre indépendance : en un mot, nos droits d'être humain, égal et majeur.

Mais, sachez-le aussi, prolétaires, la transformation sociale que vous poursuivez ne triomphera que par le concours des femmes. Il en a été ainsi de toutes les grandes idées qui, dans le cours des civilisations successives, ont dominé le monde.

Aidez-nous donc à faire comprendre à nos sœurs qu'elles doivent se rallier au socialisme comme à la nouvelle religion libératrice, et pour cela défendez nos droits comme nous défendons les vôtres.

Nous faisons appel à vos sentiments de justice. Auriez-vous le droit de réclamer ou de protester contre les iniquités sociales qui vous atteignent, si vous admettiez l'esclavage de la femme?

Car il y a esclavage.

Dans la famille, la femme dépouillée de tout droit doit attendre de celui qu'elle a choisi ou une vie heureuse ou une vie de torture et d'humiliation. Sa vie dépend de l'arbitraire d'un autre. N'est-ce pas là la condition de l'esclave.

En droit civil et politique la femme est une mineure, une serve.

Devant le travail elle n'est pas moins maltraitée. Sauf de trop rares exceptions, pour un travail exténuant et meurtrier quelquefois, elle ne reçoit qu'un salaire dérisoire qui ne représente même pas le logement et le pain sec.

Aussi, lorsqu'elle n'a ni mari ni famille pour la soutenir, vous savez où doit tomber la femme qui ne veut pas se laisser mourir de faim...

Vous connaissez ces avilissements sans remèdes et ces abjections navrantes qui attendent des milliers de femmes, vos sœurs et vos filles, prolétaires.

Merci donc au parti socialiste ouvrier, qui reconnaît l'égalité des droits pour tous sans exception.

Venez à lui et portez vos suffrages sur le nom de *Léonie Rouzade* qui est celle que les socialistes ont choisie pour aller défendre dans les conseils de la grande commune parisienne les droits méconnus de tous les exploités.

Déjà, en Amérique, en Angleterre, il y a eu des élections de femmes, la nation révolutionnaire par excellence ne peut pas rester en arrière.

Quel que soit d'ailleurs le résultat, un grand exemple sera donné; l'union pour le combat de tous ceux qui veulent la fin des oppressions, des exploitations, de tous ceux qui ont intérêt à l'avénement d'une société où, en retour de la tâche accomplie, il y aura de l'indépendance individuelle, de l'instruction et du bien-être pour tous les êtres humains sans distinction de classe ni de sexe.

En défendant nos revendications civiles et politiques, vous défendez vos revendications économiques. Soyons unis contre l'oppression et l'exploitation régnantes.

Plus de serfs ni dans la famille, ni dans l'atelier, ni dans les comices, telle doit être notre devise à tous, telle est la signification de la candidature de *Léonie Rouzade.*

Et c'est pourquoi, prolétaires qui voulez votre émancipation, vous voterez pour la digne citoyenne que le *parti ouvrier* dans le douzième arrondissement présente à vos suffrages.

VIVE L'ÉGALITÉ SOCIALE!

Pour l'union des femmes socialistes,
Le comité d'initiative ;
ANGÉLIQUE SALVE, MARIE PIE, ISMÉRIE LEGALL, LÉOPOLD,
FLORENTINE BIGOT, MARIE BRUCHU, ELISE ROGER.

L'entrée en ligne fut si digne, et la *candidate* était si appréciée par son talent et par son caractère que la raillerie bourgeoise se tut; on sentit qu'une innovation sérieuse avait eu lieu dans le monde politique.

Le parti ouvrier n'en restera pas là ; d'autres *candidates* illustreront ses listes aux élections prochaines. Ce n'est pas « la complication de la guerre des classes par la guerre des sexes, » comme l'a écrit un dissident; mais l'union de la femme et du prolétaire ces deux victimes de l'ordre ancien, pour le bon combat révolutionnaire et l'émancipation de tous les êtres humains.

CHAPITRE XIII

LES PARTIS VOISINS

Nous avons vu précédemment combien était large l'organisme fédératif du parti ouvrier, cependant, ayant dû s'inspirer de certaines idées générales sur lesquelles il ne peut transiger, il n'a pu encore entraîner dans son orbite l'ensemble des socialistes et des révolutionnaires.

A ses côtés nous voyons tout d'abord un certain nombre de syndicats *coopératistes* qui furent du parti ouvrier jusqu'au congrès de Marseille et se séparèrent quand le parti se fut prononcé pour la nécessité de socialiser les forces productives pacifiquement si possible, par le vote, sinon violemment, par voie insurrectionnelle.

La scission se fit au Havre ; le gouvernement saisit la balle au bond et par un *Bureau des sociétés professionnelles* s'efforça d'enrégimenter les séparatistes. Il y eut quelques réussites de ce côté ; mais, par contre, le patronage gouvernemental, voire même opportuniste, fit rapidement perdre du terrain aux coopératistes de l'*Union syndicale*. On l'a vu au congrès de Saint-Mandé; on le verra davantage à leur prochain congrès de Bordeaux qu'on pourra comparer au nôtre de Saint-Etienne.

Leurs chambres syndicales continuent à s'égrener et ce sont les fédérations du parti ouvrier qui les recueillent. Au train où vont les choses, l'absorption sera bientôt un fait accompli.

Quelques meneurs ultra-modérés disparaîtront et le malentendu entre sociétés ouvrières cessera.

Par ordre de date, viennent ensuite les *anarchistes*. Ils furent mêlés au parti ouvrier naissant et ne contribuèrent pas peu à lui donner son accentuation révolutionnaire. Ils avaient rêvé un parti abstentioniste exclusivement révolutionnaire. Quand le parti ouvrier se donna un programme électoral, les anarchistes s'en séparèrent violemment et ils ne lui épargnèrent pas les attaques ; il est vrai que dans un journal collectiviste révolutionnaire on leur répliqua vivement.

Il y eut néanmoins une coalition au congrès du Havre contre les coopératistes; mais le lendemain les hostilités recommencèrent, et pour certains anarchistes, qu'on ne croyait pas si farouches, les hommes du parti ouvrier ne sont que des *réactionnaires*, *des bourgeois*, en un mot « les pires ennemis qu'il faut supprimer par tous les moyens possibles pour se conformer à la parole d'un opportuniste qui a dit qu'on ne discute pas avec ses ennemis, mais qu'on les supprime [1]. » Inconnus dans l'Ouest et dans le Nord, les

1. L'écrivain anarchiste qui a écrit ceci dans le *Droit social*, organe anarchiste, a sans doute été mal servi par ses souvenirs ; ce n'est pas un opportuniste, mais Granier de Cassagnac qui a tenu ce propos, en parlant des socialistes, en 1869.

anarchistes ne sont qu'en très petit nombre à Paris ; ils sont plus nombreux dans le Midi et dans l'Est, ils ont fait de Lyon leur ville forte. Ils ne croient qu'à la *propagande par le fait insurrectionnel* et à la révolution immédiate. Selon eux, il suffira d'abattre le gouvernement bourgeois pour frapper de mort la société capitaliste. C'est une illusion profonde. « Les mauvaises passions, » (dont le « déchaînement » avec l'abrogation de toutes les lois et de tous les contrats constituerait la grande mesure révolutionnaire par les anarchistes préconisée), sont essentiellement conservatrices. Et si l'on s'en tenait là, si un gouvernement révolutionnaire n'y mettait ordre, le lendemain nous aurions de nouveaux *Compagnons de Jéhu*, traînant derrière eux des masses populaires trompées et faisant aux révolutionnaires, anarchistement dispersés, une guerre d'extermination, prélude de la reconstitution de la société capitaliste étayée, cette fois, d'une terreur bourgeoise dont la répression versaillaise nous a donné un avant-goût.

A un autre point de vue, n'est-ce pas puéril de penser que les hommes actuels en majorité ignorants, tous grandis dans tous les bas-fonds de l'égoïsme, élevés dans le *chacun pour soi*, dans la lutte de tous contre un et de un contre tous, aient tout d'un coup le sentiment du devoir, ce que Spencer appelle *la conscience du moi social*, au point qu'il soit possible d'organiser la production et le transit, de faire fonctionner les services publics non moins indispensables, en disant simplement à chacun ces paroles blasphématoires : Vous n'avez pas de devoirs sociaux, vous ne devez rien aux autres, il n'y a pas de liens collectifs obligatoires, faites ce que vous voudrez ?

Qu'on ne vienne pas dire, encore une fois ,que les hommes à qui on parlera ainsi se reconnaîtraient eux-mêmes des devoirs ou qu'ils comprendraient que l'association est une nécessité; ce serait peut-être le cas d'un centième. Et d'ailleurs les services publics doivent être organisés *socialement* et non pas dériver, d'une agglomération variable et spontanée.

Où les anarchistes ont raison, c'est quand ils réclament l'abolition de l'État politique (ensemble des forces répressives et compressives des gouvernements). Mais la centralisation administrative (la liberté des vocations restant sauve) est indispensable jusqu'au jour où les produits seront si abondants que les lois de répartitions seront inutiles et où les hommes, régénérés par l'éducation et la civilisation socialiste, seront devenus tellement altruistes que le sentiment reconnu des devoirs individuels et sociaux, rendra toutes les lois superflues.

Alors, mais seulement alors, l'humanité heureuse pourra saluer avec des cris de joie l'aurore du communisme anarchiste, le plus splendide idéal qu'ait encore pu concevoir l'esprit humain.

Maintenant qu'il y ait dans tous les partis des hommes qui brûlent les étapes, c'est en quelque sorte une fatalité psychologique dont il ne faut pas s'étonner. Bien plus, toujours ces enfants perdus de l'avenir ont leur utilité. C'est ainsi que les anarchistes, en outrant l'idée de liberté individuelle, avertissent les socialistes du parti ouvrier que si le concours des forces et l'égalité de répartition sont des nécessités sociales, la liberté est un sentiment irréductible de la nature humaine, qu'il faut le faire entrer en ligne de compte dans la future organisation sociale.

Avec autant d'âpreté qu'en mettent les anarchistes à nous qualifier de « réactionnaires » et de « bourgeois, » les partisans de l'*Alliance républicaine socialiste* nous qualifient « d'énergumènes de la révolution! »

On ne peut contenter tout le monde et son père.

C'est quelques mois après la constitution définitive du parti ouvrier et peu de jours avant le congrès du Havre, que se constitua (octobre 1880) l'*Alliance républicaine socialiste.*

Elle fut fondée par d'anciens membres et d'anciens fonctionnaires de la Commune.

D'après les considérants, il s'agissait de parer « à l'état de division qui actuellement réduit à l'impuissance le parti socialiste tout entier ; » pour cela, abstraction faite des vues personnelles, et d'une « impossible entente sur des questions de doctrine pure » il fallait s'entendre sur « les réformes immédiatement réalisables, le but à atteindre étant la justice sociale par la liberté. »

En conséquence les adhérents s'entendirent sur un programme « constituant le minimum des réformes immédiatement réalisables. »

Ce programme qui au point de vue politique est assez semblable à celui du parti ouvrier, sauf sur deux ou trois points, porte au point de vue économique :

1° Reconnaissance de la personnalité civile aux chambres syndicales ;

2° Réduction légale de la durée maximum de la journée de travail ;

3° Admission des groupes syndiqués à déposer dans les enquêtes officielles et législatives ;

4° Suppression du livret d'ouvrier ;

5° Suppression de l'intervention des patrons dans l'administration des caisses ouvrières ;

6° Révision de la loi sur les prud'hommes ;

7° Révision des contrats ayant aliéné la propriété publique : mines, canaux, chemins de fer, etc. ;

8° Admission des groupes ouvriers aux adjudications des travaux publics ;

9° Réorganisation de la Banque de France. — Crédit au travail ;

10° Création d'écoles d'apprentissage ;

11° Interdiction du travail des enfants au-dessous de quatorze ans, dans les ateliers, usines et manufactures ;

12° Création de caisses de retraite pour les vieillards et les invalides du travail.

C'est un clair de lune, avec rognures de ci de là, du programme du *parti ouvrier*. La différence entre les deux programmes est surtout dans les considérants.

Mais la grande faute des *alliancistes* fut de fonder un parti socialiste qui, vu les circonstances, semblait être dirigé contre le parti ouvrier récemment constitué et déjà vivement combattu par ses réfractaires *coopératistes* et *anarchistes*.

Dans une pareille situation, le choc était inévitable et il eut lieu avec une extrême violence, lors des élections municipales en janvier 1881.

A ce moment l'*Alliance* était à Paris bien plus forte que le

1. La liberté économique dans le monde capitaliste produit non pas « la justice sociale » mais l'asservissement et l'affamement des masses travailleuses. La liberté, oui ; mais quand les accumulateurs des produits du travail d'autrui auront rendu à la société ce qui appartient à la société. Ce n'est pas par la liberté qu'on obtiendra cela.

parti ouvrier; mais depuis la faveur relative des électeurs l'a abandonnée et, dans ces mêmes 11e et 18e arrondissements où elle se crut un moment sûre de triompher, le parti ouvrier l'a conduite à n'avoir plus que quelques centaines de voix. Cela prouve que la majorité de ses soldats de la première heure est passée au parti ouvrier, suivant d'ailleurs en cela l'exemple de quelques-uns de ses plus notables fondateurs.

Et c'était inévitable. Après l'épouvantable répression versaillaise, quand d'autre part déjà le capitalisme a enfermé dans ses bagnes industriels des centaines de milliers de prolétaires, le socialisme devient de plus en plus *un intérêt de classe*, l'idée salvatrice, en quelque sorte particulière, du prolétariat foulé aux pieds, mais grondant de colère.

La république radicale est le dernier terme de l'évolution bourgeoise, la classe bourgeoise ne pouvant passer au socialisme sans se suicider. Ceux donc qui ne veulent qu'un simple *développement d'institution*, et ne comprennent pas la nécessité d'une *révolution sociale*, pour clore, par le vote ou par la force, la crise économique ouverte depuis la transformation des moyens de la production et du transit par le machinisme et la division du travail, sont encadrés dans le radicalisme bourgeois, et quelle que soit la sincérité de leurs aspirations socialistes, ils ne pourront travailler efficacement pour elles, qu'en s'incorporant dans la partie militante de la classe montante, en venant au parti ouvrier.

En 1788 La Fayette et Noailles étaient probablement aussi bien intentionnés que Mirabeau et Condorcet; que firent-ils pourtant pour la révolution? Bien peu de chose, en comparaison de ce que firent Mirabeau et Condorcet, qui, eux, comprirent que la révolution libérale qui se préparait était en quelque sorte la mission historique du Tiers-État, et qui, par conséquent, vinrent dans ses rangs combattre la noblesse et le clergé dont il importait d'abattre la domination.

Nous sommes en présence d'une situation analogue et le sens qu'ont pris si rapidement les mots *bourgeois* et *prolétaire* devrait bien avertir les hésitants de la bourgeoisie réformatrice. C'est le prolétariat qui incarne l'idée socialiste, c'est le prolétariat, aidé des meilleurs de la classe bourgeoise venus à lui qui la réalisera. En conséquence au milieu des prolétaires levés pour leur émancipation, est la place de tous les socialistes de bonne volonté. Oui, il y a eu quelquefois un exclusivisme regrettable ; mais la politique doit passer sur ces misères et maintenant le jeune parti ouvrier fait appel à tous ceux qui veulent, comme lui, la fin de toutes les oppressions et de toutes les exploitations.

Comme parti distinct, les faits l'on déjà prouvé, l'*Alliance* n'est pas viable, prise qu'elle est ainsi que l'a dit un de ses orateurs, entre l'enclume bourgeoise et le marteau ouvrier. La bourgeoisie, en tant que classe, ne peut pas faire de socialisme et le parti ouvrier veut avoir sa politique de classe, voilà la vérité. Dans ces conditions, l'*Alliance* est appelée à une dissolution forcée, sa droite ira au radicalisme bourgeois et sa gauche au parti ouvrier, où elle sera la bienvenue et rendra de grands services.

Le parti *blanquiste* a cela de commun avec l'*Alliance* qu'il reproche au parti ouvrier de ne pas avoir sa raison d'être. Selon lui, c'est sous le nom de révolutionnaire qu'il faudrait se rallier. Il est répondu plus haut à cette critique.

Je ne crois pas qu'il y ait entre nous de grandes divergences sur le terrain économique, fort peu exploré d'ailleurs par les blanquistes; c'est plutôt sur les moyens et sur l'action politique qu'on diffère. Les blanquistes sont dictatoriaux sans réticences; ce sont des babouvistes adoucis, mais des babouvistes.

Aux élections de janvier et d'août 1881, ils se coalisèrent avec le parti ouvrier; il n'y a jamais eu d'ailleurs entre le parti ouvrier et eux, en dépit de quelques hostilités isolées, de rupture ouverte. A Vierzon et dans quelques circonscriptions de Paris les votes se sont confondus, mais l'action politique des deux partis est nettement séparée et souvent rivale dans les trois ou quatre villes où les blanquistes ont des adhérents.

Ainsi le parti ouvrier est enserré entre quatre partis plutôt hostiles; c'est dans cette situation défavorable qu'il doit présenter la bataille aux divers partis bourgeois et conservateurs.

Ce ne serait pourtant rien, car il conquiert sans cesse les réfractaires de la veille, si dans son sein même il n'était combattu à outrance par une minorité, dite *marxiste*, qui n'a pas su être minorité et ne recule pas devant l'idée de briser le parti pour tenter, vainement d'ailleurs, de reconquérir, par des moyens extérieurs, une domination perdue.

Le parti ouvrier est resté inentamé sous le feu incessant de ces fils de bourgeois, qui sont socialistes et emploient toutes les ressources de leur éducation universitaire et toutes les habiletés équivoques de la polémique en honneur dans le journalisme bourgeois contre un parti de prolétaires [1].

---

1. N'y a-t-il que des querelles personnelles derrière cette scission? Je le crois; tout au plus y a-t-il un peu plus de

Il n'en est pas moins vrai qu'il y a là une grande et regrettable déperdition de forces qu'il serait de l'intérêt du parti de faire cesser. Nous avons confiance pour cela dans le congrès national de Saint-Etienne.

---

sectarisme d'un côté et plus de tolérance de l'autre. On a voulu, d'un certain côté, opposer révolutionnaires à réformistes ou possibilistes, centralistes à autonomistes, en prêtant à ses adversaires des idées qu'ils n'ont pas. Tout cela a été inventé pour les besoins de la cause.

APPENDICE

Pour ne pas répéter ce que j'ai dit dans le premier volume de cet ouvrage, je ne me suis occupé du côté théorique que pour justifier la constitution en parti de classe.

Pour combler toutefois partiellement cette lacune, je reproduis ici le manifeste inaugural du *Comité national* publié en novembre 1881.

MANIFESTE
DU COMITÉ NATIONAL

AUX MEMBRES DES RÉGIONS FÉDÉRALES DU PARTI OUVRIER SOCIALISTE FRANÇAIS.

Citoyennes, citoyens,

Conformément aux décisions du cinquième congrès ouvrier socialiste récemment tenu à Reims, votre *Comité national* vient vous annoncer sa constitution.

S'en tenant à son rôle d'intermédiaire central et de comité

exécutif des régions fédérales, il a cru qu'il devait, en attendant que ses attributions fussent complétées et que des projets d'organisation ou d'action fussent à l'ordre du jour, commencer par une déclaration explicative sur les principes généraux du parti, tels qu'ils ressortent jusqu'à ce jour des actes de ce dernier.

Le grand argument des politiciens de la classe dominante contre le *parti ouvrier*, c'est qu'à l'encontre de l'histoire, prétendent-ils, nous nous appuyons sur d'imaginaires antagonismes d'intérêt et de classe pour justifier notre constitution en parti politique distinct.

Si pourtant nous interrogeons l'histoire, que nous montre-t-elle ?

Une série interrompue de luttes de classe.

Ce sont d'abord les luttes entre la caste théocratique et la caste nobiliaire qui dominent les premières fondations de grandes sociétés politiques. Plus tard, nous voyons la civilisation antique constamment troublée par les guerres sociales des plébéiens et les guerres serviles des esclaves.

Après la terreur catholico-féodale de mille ans, la population européenne, se lassant enfin d'être pillée et torturée par les brigands féodaux et les prêtres avides du moyen âge, rouvrit, avec une intensité nouvelle, l'ère des luttes de classes.

Ne combattaient-ils pas pour le renversement d'une classe dominante, ces héroïques *communiers* des cités occidentales, qui livraient des batailles souvent victorieuses à la monarchie féodale, abattaient les tours seigneuriales, arrachaient, par la force des armes, des chartes de franchise aux seigneurs, et parfois fondaient des républiques industrielles et démocratiques, comme en Flandre et en Italie ?

Ne faisaient-ils pas la guerre de classes, ces paysans qui, poussés à bout par des brigands seigneuriaux, se ruaient en hordes innombrables contre les châteaux, tuant, brûlant, se vengeant, en attendant l'heure, toujours proche, hélas ! de la débandade et de l'écrasement sans pitié ?

Et la révolution de 1789 ne fut-elle pas le triomphe du *troisième Etat* contre les deux premiers, d'une classe sur deux autres?

Il eût pu sembler alors que les guerres sociales allaient prendre fin, que les classes n'allaient plus être qu'un souvenir historique ; mais le *troisième Etat* contenait dans ses flancs un *quatrième Etat* qui, comme les anciens plébéiens romains et non moins vainement, réclamait sa part des conquêtes communes.

La bourgeoisie prit tout.

Elle devint à son tour classe dominante, afin d'appuyer sur le pouvoir politique l'exploitation économique (qu'elle allait tant perfectionner) de l'ensemble des travailleurs.

Ainsi, au lieu d'être terminée, la lutte des classes fut seulement simplifiée : il n'y eut guère plus en présence que des exploiteurs directs et des exploités.

Les premières escarmouches ne se firent pas attendre.

Le massacre des émeutiers d'avril 1789 l'écrasement du mouvement chaliériste à Lyon, les lois répressives contre les salariés, l'introduction du cens électoral (qui était un recul sur le mode d'élection des Etats généraux), les massacres du Champ-de-Mars, en 1791, la décapitation de la première Commune de Paris, la réaction qui suivit le Premier Prairial et le tragique dénoûment de la conjuration des Egaux disent assez quelle conscience la bourgeoisie avait de ses intérêts de classe et avec quelle férocité elle les défendait contre les travailleurs, quand ceux-ci qui, dans des *cahiers* populaires, s'étaient déjà appelés *quatrième Etat*, réclamaient leur part d'affranchissement.

Cependant la déviation militaire qui se réalisa dans la néfaste épopée impériale et les sophismes de la bourgeoisie parlementaire sur la prétendue abolition des classes par la Révolution de 1789 purent, un moment, donner le change aux travailleurs.

« Ils étaient les frères cadets des bourgeois. Il y avait entre les deux classes échange de services : les intérêts étaient les mêmes ; les travailleurs n'avaient qu'à aider la bourgeoisie à reprendre le pouvoir. Cela fait, le sort du peuple serait amélioré. »

Les prolétaires le crurent et ils gagnèrent, au profit de leurs exploiteurs directs, la bataille des trois journées de Juillet 1830.

La bourgeoisie montra sa reconnaissance par l'édiction de lois liberticides, par la répression à outrance des grèves et par des massacres de travailleurs.

Cependant les prolétaires français crurent encore à la communauté d'intérêts entre salariants et salariés. Ils écoutèrent avec enthousiasme les éminents précurseurs du socialisme qui leur promettaient le bonheur universel par l'alliance de la bourgeoisie et du peuple.

Et de nouveau, aux 23 et 24 février 1848, les prolétaires coururent aux barricades, pour donner le pouvoir à la fraction réformiste de la bourgeoisie.

Les « frères cadets » allaient donc avoir leur tour, les réformes économiques allaient enfin venir...

Ce qui vint, ce furent les inoubliables massacres de Juin !

Cette fois, on commença à comprendre qu'entre prolétaires et bourgeois, les intérêts étaient antagoniques.

Vingt-trois ans plus tard, l'écrasement de la seconde Commune de Paris, les trente-cinq mille cadavres de la *semaine sanglante* et la terreur bourgeoise de neuf ans qui suivit la défaite du prolétariat et du socialisme français, emportèrent les dernières illusions des travailleurs socialistes.

Mais déjà des faits d'un autre ordre avaient établi, avec la même évidence, l'antagonisme croissant des deux dernières classes en présence.

Les nouveaux débouchés que s'était créés le monde mercantile bourgeois dans l'ancien et le nouveau monde; l'inauguration du système colonial, l'accroissement des voies de communication avaient rendu insuffisants les anciens modes de production, encastrés dans les maîtrises et les jurandes.

La *manufacture* était née; la division du travail entre les diverses corporations avait disparu devant la division du travail dans les ateliers mêmes.

Et les besoins du marché croissant toujours, la manufacture ne put bientôt plus suffire : la vapeur et la mécanique appliquées vinrent encore multiplier et perfectionner la production industrielle et centupler les moyens de transport. La *manufac-*

8

ture fit place à la *grande industrie;* les petits patrons firent place aux grands industriels, ou *capitalistes.*

En vertu de la même évolution économique, les anciens *artisans* qui pouvaient devenir patrons à leur tour, et qui avaient, dans une certaine mesure, la sécurité du lendemain, devinrent les *prolétaires* modernes. Ils devinrent cette immense armée du travail, composée d'hommes, de femmes et d'enfants, que, dans tous les pays de grande industrie, la faim pousse dans ce qu'on a si bien nommé les *bagnes capitalistes,* dans ces maisons de terreur où le travailleur est avili par un commandement arbitraire et rude, par un travail parcellaire tout mécanique, tout de rapidité et exténué par d'interminables journées.

Et pourtant il y a foule aux portes du bagne capitaliste, car les progrès du machinisme, en évinçant continuellement des travailleurs, augmentent constamment le nombre de cette armée industrielle de réserve que le chômage laisse sans abri et sans pain sur le pavé de nos grandes et grandissantes cités industrielles.

Par suite, le *capitaliste* fait la loi sur les marchés du travail et ne donne sous forme de salaire à ses instruments de gain que juste ce qu'il leur faut pour ne pas mourir trop rapidement de faim.

Et ce n'est pas tout.

La production, livrée aux spéculations individuelles des seigneurs du capital, ne tient aucun compte des véritables nécessités de la consommation. Il en résulte ces crises pléthoriques, ces chômages en grand, non moins meurtriers et non moins périodiques que l'étaient les pestes et les famines du moyen âge.

Les magasins regorgeant de marchandises dont on ne sait que faire, tandis que des milliers de familles ouvrières meurent de dénûment dans des taudis désolés, parce qu'elles ont trop produit!

Une telle monstruosité n'indique-t-elle pas que l'ordre social existant est faussé dans ses bases mêmes?

Ils ont donc eu raison, les hommes des partis ouvriers, de

ne plus se fier aux politiciens qui défendent un pareil ordre de choses, de ne compter que sur leurs frères de classe organisés en partis puissants, pour mettre fin à l'exploitation capitaliste; cela par la socialisation des forces productives et par l'universalisation du travail, de l'instruction et du bien-être, tout en préparant l'avénement du communisme, seul moyen d'assurer la liberté réelle des êtres humains, but suprême des efforts socialistes.

Nous ne saurions trop insister sur ce point, une classe dominante organisée ne peut être vaincue que par une classe également organisée en parti politique et décidée à poursuivre, par tous les moyens en son pouvoir, l'œuvre de son émanci pation.

Mais, à l'instar de leurs coreligionnaires des autres nations, les ouvriers socialistes français font appel à toutes les énergies et à toutes les bonnes volontés. Quiconque abandonne les intérêts de la classe bourgeoise pour venir dans leurs rangs est admis au même titre qu'eux aux dangers et aux fatigues du bon combat pour la régénération humaine.

En envoyant dans ses congrès et en choisissant pour ses candidats des transfuges de la bourgeoisie, le *Parti ouvrier français* s'est formellement prononcé sur ce point, comme en investissant à plusieurs reprises les femmes de délégations, il s'est prononcé pour l'égalité civile et politique des femmes, refusée par le monde bourgeois.

On objecte que l'action du parti ne peut pas être uniforme pour toute la France.

Toutes les régions françaises n'ont pas encore, en effet, été prises dans l'engrenage capitaliste, et les ouvriers de la petite industrie de diverses régions du Midi et du Centre et d'un grand nombre de professions parisiennes ne paraissent pas avoir les mêmes intérêts immédiats que les ouvriers du Nord, de l'Est et de tous les foyers de grande industrie des autres régions françaises. C'est pour tenir compte de cette diversité de situation, autant que de l'autonomie des régions fédérales et des circonscriptions électorales que le congrès de Reims a cru devoir saisir les *Fédérations* de la question suivante :

Y a-t-il lieu que le programme primitif soit élargi et que la liberté soit laissée aux agglomérations économiques ou politiques locales de faire leur programme de réalisations en s'en tenant aux principes généraux du parti?

Il faut dire aussi que cette diversité de situations va sans cesse en diminuant, car la concentration capitaliste étend rapidement son action et bientôt, en France, comme dans toutes les nations prétendues civilisées, elle aura presque complètement *féodalisé* le crédit, l'industrie et le commerce pour s'attaquer ensuite à l'agriculture. Elle est déjà le fait dominant, c'est donc surtout en tenant compte des phénomènes qu'elle engendre que les socialistes ont dû organiser leur action émancipatrice.

D'ailleurs que de buts communs nous avons qui, d'ores et déjà, appellent le concours de tous?

Ne sommes-nous pas tous intéressés à la lutte immédiate par la grève contre l'exploitation patronale?

Le sommes-nous moins à la *conquête des municipalités* qui permettrait de tenter d'une manière sérieuse les applications socialistes?

Est-ce que tout le parti ne gagne pas à l'agitation électorale qui est un de nos plus puissants moyens de propagande et d'organisation?

Enfin n'avons-nous pas tous pour devoir urgent d'élargir les rangs, d'augmenter l'effectif et de compléter l'organisation du parti, condition *sine qua non* de la victoire?

C'est à cette œuvre surtout que vous convie votre *Comité national* et à laquelle il contribuera dans la mesure des attributions que lui reconnaîtront les *Régions fédérales*.

Le *Parti ouvrier français* s'est brillamment affirmé; il s'est constitué sur le terrain solide du socialisme scientifique; il lui reste à s'organiser plus fortement, pour vaincre la coalition des forces bourgeoises, pour préparer la révolution sociale, qui, en émancipant les travailleurs, ouvrira pour l'humanité une ère de civilisation supérieure.

BIBLIOGRAPHIE

LE SOCIALISME

La première partie de l'*Histoire du socialisme* a été honorée d'une chronique de l'un de nos plus sympathiques et plus brillants publicistes parisiens, Aurélien Scholl. (*Événement* du 3 mai 1882.)

Nous la reproduisons dans son entier, nos lecteurs nous en sauront gré :

Il faut remercier Dieu de nous avoir donné le soleil sans prendre l'avis de personne; car, s'il eût consulté une assemblée de notables, il y aurait eu cent voix contre quinze pour ne pas avoir de soleil.

La République telle qu'elle se comporte est un état singulier qui n'est pas la monarchie, puisqu'il n'y a plus de monarque, mais qui n'est certainement pas la République, puisque rien n'est changé en l'état.

Les hommes qui ont versé leur sang sur les barricades, depuis 1830 jusqu'en 1871, n'avaient peut-être pas pour objectif la diffusion du pouvoir aux mains de huit cents voyageurs au rabais, non plus que l'enrichissement des rédacteurs de quelques journaux, l'élévation de M. Target ou le bien-être du compère Turquet.

Tous les Augustes de France ayant bu, ils déclarent que le peuple est ivre.

Et les survivants — ou les fils — des fusillés de juin, de décembre et de mai, contemplent avec une stupeur indignée la satisfaction bourgeoise de ceux qui les envoyaient au combat et qui, pendant la bataille, s'adjugeaient par avance les fruits de la victoire.

L'homme qui se bat ne se bat pas seulement pour lui, il répand son sang et risque sa vie pour une idée de classe, pour une amélioration du sort commun, amélioration dont il ne profitera peut-être pas. Il le sait. En sortant de chez lui, le fusil sur l'épaule, il en a pris son parti, il va détrôner les accapareurs, chasser l'oppresseur, faire place nette. Arrive qui plante.

Arlequin, donnant un tambour à ses enfants, avait soin d'ajouter : « Surtout, ne faites pas de bruit. »

C'est ainsi que le gouvernement, les sénateurs, les députés, les membres des différents conseils d'administration, les ambassadeurs, les receveurs généraux, les préfets, tous gens satisfaits, — et pour cause, — répondent nonchalamment aux citoyens qu'ils ont refaits : « Vous vouliez la République, vous l'avez. Restez tranquilles. Gardez le tambour, mais pas de bruit. »

On ne saurait se moquer plus complètement du monde. Qu'est-ce que cela peut nous faire que M. Ferry ait remplacé Bourbeau et que M. Turquet ait succédé à Nieuwerkerque? Qu'avons-nous gagné à ce que l'élégant Andrieux ait pris, à Madrid, la place de Mercier de Lostende?

Ce n'est pas précisément dans ce but, si élevé qu'il puisse paraître, que des milliers de citoyens, armés de vieux fusils, de pistolets rouillés et de sabres ébréchés, ont soulevé les pavés en chantant la *Marseillaise*.

Un soir, dans une ville de quatre mille âmes, qui avait un petit théâtre, mais un matériel absolument insuffisant, j'ai vu jouer par une troupe de passage la *Grâce de Dieu* dans les décors de la *Tour de Nesle*. Je songe toujours à cette belle soirée quand je vois jouer les institutions monarchiques dans le décor de la République.

« Nous sommes d'hier, s'écrie à la fin du IIe siècle le chrétien Tertullien, et cependant nous remplissons déjà vos camps, vos villes, vos municipalités, le Sénat et le Forum. »

En exceptant le Sénat de la nomenclature, les socialistes peuvent aujourd'hui prendre pour eux le cri de Tertullien. Nous assistons à l'avénement d'une autre religion des esclaves.

Chaque fois qu'ils ont un malheur, une catastrophe, un suicide, une misère à enregistrer, ils les classent sous ce titre général : *la question sociale*.

Elle se dresse de tous côtés, comme les vagues soulevées par la tempête, qui s'avancent menaçantes et s'écroulent sur elles-mêmes dans un tourbillon d'écume, mais non sans avoir roulé les galets, descellé une pierre, battu le rivage en brèche.

Ouvrez vos journaux et lisez :

LES DRAMES DE LA MISÈRE. — Un rassemblement s'était formé hier, vers onze heures du matin, boulevard de Magenta, autour d'une jeune femme tenant dans ses bras un enfant de dix-huit mois environ, qui venait de se trouver mal.

Cette malheureuse a déclaré aux personnes qui l'entouraient qu'elle et son enfant mouraient de faim.

On fit une collecte, qui produisit une *dizaine de francs*.

Et demain?

LA QUESTION SOCIALE. — Vingt-huit familles ont été, pour cause d'expropriation, expulsées de quatre masures de la rue Vandamme.

Ces pauvres gens ont passé la nuit à la belle étoile. Une brave loueuse de voitures, madame Corbeau, leur a ouvert ses écuries, où ils sont tant bien que mal installés. Ils vivent depuis quatre jours des secours qu'on leur procure.

Et après ?

Niort. — Une pauvre femme, habitant Sainte-Néomage, accablée par la misère, s'est levée pendant la nuit, a pris dans leur berceau ses deux petites filles, âgées de deux et trois ans, et, sortant de chez elle, est allée se jeter avec ses deux enfants dans un puits voisin.

Le matin, on a retrouvé au fond de l'eau les trois cadavres étroitement enlacés.

Il y a bien à Sainte-Néomage, comme dans tous les villages de France, quelques propriétaires aisés et quelques gros fermiers. Les voilà débarrassés du spectacle douloureux de cette misérable femme et de ses deux petites filles mourant lentement de faim.

Tous mes compliments à ces messieurs.

Honfleur. — La population de Honfleur, rassemblée sur le port, vient d'assister à un spectacle navrant. Le bateau de sauvetage n° 4, du Havre, parti au secours d'une goëlette en détresse, était parvenu, après les plus grands dangers, à ramener au Havre l'équipage de la goëlette.

On signale de nouveau un sloop en danger.

Immédiatement, le même bateau n° 4, avec un dévouement héroïque, reprend la mer...

Il parvient à recueillir l'équipage du sloop, qu'on apercevait cramponné sous la mâture, mais un coup de mer plus violent engloutit à la fois le sloop et le bateau de sauvetage.

Celui-ci revient seul à la surface; il était vide. La mer avait englouti dix-neuf victimes et fait du coup trente et un orphelins.

Ces enfants peuvent évidemment compter sur le *Crédit lyonnais* et sur la Compagnie du gaz, qui sauront subvenir à tous leurs besoins.

Connaissez-vous rien de plus sinistre que l'histoire de ce malheureux ouvrier que la cour d'assises vient d'acquitter ? Sa femme meurt folle; il reste avec trois enfants. A la suite d'une dispute avec un de ses camarades, il est renvoyé de la fabrique dans laquelle il travaillait. Il cherche de l'ouvrage, frappant à toutes les portes, et il ne trouve rien. Quelle angoisse à chaque refus ! trois petits êtres attendent du pain, et le pauvre homme va, offrant ses bras, sombre, le cœur serré. Puisqu'il n'y a pas moyen de vivre, il faut mourir. Il couche ses enfants, allume un réchaud et attend la mort, la grande bienfaitrice.

Des voisins enfoncent la porte, et sauvent le misérable et l'aîné des enfants. Plus heureux, les petits sont morts. On n'aura pas à leur refuser du travail. Éperdu, l'homme se jette à l'eau; on l'en retire et on l'envoie en cour d'assises.

Que demain cet homme retrouve du pain; il regrettera la mort chaque fois qu'il pourra se dire : il y en aurait eu pour quatre !

Au milieu de ces douloureuses pensées dont je suis chaque jour assailli, j'ai cherché une consolation dans le bel ouvrage de Benoît Malon, l'*Histoire du socialisme,* depuis les temps les plus reculés jusqu'à nos jours. Ancien membre de l'*Internationale,* ancien député de la Seine, ancien membre de la Commune de Paris, M. Benoît Malon est un des pionniers infatigables et jamais découragés de l'idée nouvelle.

Il s'est surtout appliqué à mettre à la portée de tous les doctrines, parfois trop savantes dans la forme, des socialistes allemands. Mais un travail qui lui est tout personnel, c'est la partie historique de son ouvrage. M. Malon apporte dans ses résumés la certitude et la brièveté de Michelet. Il y a dans son remarquable travail des esquisses historiques d'une grande puissance, dans lesquelles il explique les diverses phases qu'a traversées l'humanité, en peu de mots et sans qu'il y manque rien.

« Le socialisme, dit M. Malon, considéré comme la recherche d'un état social meilleur ou comme revendication justicière contre les classes dominantes successives, est aussi vieux que le monde, c'est-à-dire que les premières iniquités ressenties, que les premières luttes de classes.

» Cependant, ce n'est guère que depuis un demi-siècle qu'il s'est constitué sous un nom distinct, et comme philosophie et comme parti, et qu'il est devenu l'expression théorique et pratique d'un besoin social nouveau.

» Mais avec quelle rapidité il s'est fait sa place!...

» ... C'est que le socialisme, outre les forces matérielles croissantes dont il dispose, a pour lui la force des choses ; il est l'égalité et la solidarité désormais comprises et désirées par l'élite de l'humanité; il est le *seul ordre social désormais possible*, étant données les idées économiques de la société moderne.

» Le socialisme moderne, entré dans la voie scientifique, peut seul mettre fin aux iniquités, aux guerres, aux antagonismes, en un mot aux luttes de races et de classes qui ont désolé et ont fini par détruire toutes les sociétés constituées jusqu'à ce jour. »

Il y a dans l'avénement du socialisme un rapport frappant avec la première aube du christianisme. Déjà l'histoire a pu assister, chose rare, aux funérailles complètes d'une religion. Elle a pu observer de près les phases de la maladie, juger les conducteurs de la cérémonie funèbre : prêtres, ministres ou médecins d'une religion déchue; tous essayant de faire revivre le cadavre. Elle a pu observer de près les passions qui combattaient autour de ce tombeau, quelles furent les passions mises en jeu par une religion croulante, quelles alternatives de succès et de défaites ont marqué ces crises intellectuelles.

Le soleil couchant du polythéisme empourpre encore l'horizon, lumière ardente, météorique, pleine de menaces. La première aube modeste du christianisme apparaît au loin ; elle se pare de teintes plus vagues qui s'éclaircissent et rayonnent peu à peu. Par une expansion progressive, l'influence du christianisme, après un travail long et secret, accompli dans les entrailles mêmes de la société, s'élève jusqu'au rang de puissance antagoniste, appelle au combat toutes les opinions anciennes, et leur dispute hautement l'empire de l'intelligence et l'empire des faits.

Le monde devient attentif. Les idoles tombent, et l'on comprend enfin la monstrueuse dépravation, l'extravagance inouïe, l'absurdité effrénée du système appelé polythéisme. Ce système croule.

« Nous voulons, dit l'auteur de l'*Histoire du socialisme*, que le domaine de la morale soit étendu à la politique, qu'il y ait une morale *sociale* comme une morale *individuelle*, tendant toutes deux au même but : le perfectionnement des individus et le bien commun. »

Le paganisme était en pleine agonie, et la masse avait peine à renoncer aux dieux antiques, méprisés des savants, mais non abrogés.

Nous nous agitons aujourd'hui au milieu des mêmes regrets et des mêmes superstitions. Jésus et Marie, et leur cortège de saints sont pleurés comme le furent Apollon, la déesse Io et la foule des demi-dieux.

Mais l'impulsion est donnée ; l'arbitraire théologique a cessé de faire loi ; les motifs humains repoussent les sanctions extra-terrestres. Le miracle a perdu toute autorité.

On a fait jusqu'à présent des religions pour les dieux ; le temps est venu de faire une religion pour les hommes. Les premiers sont des êtres fort vagues, dont les qualités ne nous ont été révélées que par des tiers. Nous connaissons les autres et nous les trouvons dignes d'intérêt.

AURÉLIEN SCHOLL.

On lit dans la *Bataille* du 2 juillet 1882 :

Bibliographie :

Histoire du socialisme, par Benoît Malon. — Notre ami Malon avait, durant son exil, fait paraître une histoire fort intéressante du socialisme depuis les temps les plus reculés jusqu'à nos jours. Il a tenu à donner une édition plus complète de son remarquable travail. En agissant ainsi, Malon a fait œuvre utile d'instruction et d'éducation socialistes. Nous venons de relire attentivement le premier volume de cette œuvre destinée à faire connaître aux travailleurs les idées politiques, philosophiques et économiques de tous ceux, qui dans le temps passé comme dans le temps présent, ont travaillé et travaillent à l'émancipation matérielle et morale de l'humanité.

Pour la première fois, nous avons une histoire consciencieuse et complète du socialisme, en même temps que pour la première fois nous avons une œuvre de propagande accessible par sa clarté, son bon marché, à la masse prolétarienne.

Je ne saurais mieux indiquer le but que poursuit notre ami Malon qu'en citant un extrait caractéristique de la préface de cette seconde édition :

« Depuis un quart de siècle, la nouvelle transformation se poursuit. Le socialisme s'éloigne de plus en plus des théories utopiques et il devient de plus en plus, dans sa partie théorique, un ensemble de ce qu'il y a de meilleur dans les diverses écoles, uni aux données de l'histoire, de la science et de l'expérience. Comme parti militant, il se jette dans toutes les directions de l'activité humaine ; il sait être à la fois, selon les hommes, les lieux et les circonstances, investigateur, révolutionnaire, et telle est sa force désormais que les défaites les plus meurtrières ne peuvent l'affaiblir temporairement sur un point sans favoriser son extension sur d'autres et sans augmenter sa force totale.

» C'est que le socialisme, outre les forces matérielles croissantes dont il dispose, a pour lui la force des choses : il est l'égalité et la solidarité désormais comprises et désirées par l'élite de l'humanité, il est le seul *ordre social* désormais possible, étant données les nécessités économiques de le société moderne. »

Enfin, ce qu'on peut dire, sans crainte d'être taxé d'exagération, c'est que cette histoire du socialisme est une véritable étude comparée des diverses écoles socialistes et qu'elle indique, étape par étape, la marche de l'esprit humain en quête d'une société juste et égalitaire.

Ce beau livre, dédié aux travailleurs, leur servira à établir la différence entre le socialisme moderne et les écoles du passé qui survivent encore, représentées par quelques généreux et enthousiastes adeptes.

Nous ne pouvons qu'insister vivement auprès des prolétaires pour qu'ils lisent cette histoire faite pour eux et destinée à les éclairer dans leur marche progressive vers la société de l'avenir, qui garantira à chaque être humain la somme de bien-être et de bonheur à laquelle il a droit.

JOHN LABUSQUIÈRE.

Prolétaire du 8 juillet :

Notre ami et collègue au Comité national du parti ouvrier socialiste, le citoyen Benoît Malon, publie en ce moment chez Derveaux, éditeur, 32, rue d'Angoulême-du-Temple, la seconde édition de son intéressante *Histoire du Socialisme.*

Afin de la rendre plus accessible aux prolétaires auxquels il la destine avant tous autres, l'auteur a voulu qu'elle parût toutes les semaines en livraisons illustrées à 10 centimes.

Nous venons de lire le premier volume de cette remarquable et utile publication, et les trois fascicules qui sont déjà parus sur le deuxième.

Nous ne saurions trop féliciter l'auteur du soin tout particulier qu'il a mis à la refonte de cette œuvre déjà si connue et si applaudie lors de sa première apparition.

« Je n'apporte pas, dit-il dans la préface, une édition revue, corrigée et augmentée, mais un livre entièrement refait. »

Rien de plus vrai. Benoît Malon, encouragé par l'accueil fait à son œuvre par le parti socialiste européen, mais non grisé par le succès, sentait mieux que personne les défectuosités de la première édition ; mieux que nul autre, il voyait les lacunes nombreuses à combler et les imperfections de cet ouvrage écrit en exil, loin des matériaux nécessaires, sur la route, ici, là, à Lugano, à Rome, en Sardaigne, à Zurick partout où le poussaient les hasards de l'exil.

Mais, rentré en France, Benoît Malon se remettait à l'ouvrage et préparait les matériaux de la seconde édition de l'*Histoire du Socialisme.*

L'œuvre complète se divisera en cinq parties, desquelles nous aurons l'avantage de parler lors de leur apparition successive. Aujourd'hui, nous ne nous occuperons que du premier volume que nous avons sous les yeux.

Tout d'abord, dans son premier chapitre intitulé : *Quelques mots sur la genèse de la famille et de la propriété,* l'auteur, après nous avoir dit ce qu'il entend par *réformateurs* et par *progressistes,* entreprend très heureusement de nous démontrer que toutes les traditions historiques et tous les *mystères* avaient, dans l'antiquité, pieusement conservé le souvenir d'une égalité primitive et réputée l'*âge d'or*. Il montre la propriété privée se constituant de plus en plus dans la forme actuelle, à mesure que se constitue la famille d'aujourd'hui et que se développent les instincts égoïstes et que prévaut la force brutale. Le mariage, combattu par presque toutes les religions antiques, ne parvient à s'implanter que difficilement parmi les peuples qui continuent de rendre un culte à Vénus, la personnification de la beauté et des amours libres, selon la nature.

Puis quittant le domaine des vagues traditions qui traversent les âges et se perpétuent en s'amoindrissant toujours davantage, soit sous les efforts du temps, de la civilisation ou bien sous ceux de la confusion, Benoît Malon nous initie aux premières théories des réformateurs grecs et romains, qui, à diverses époques entreprirent de changer les mœurs et prêchèrent ou la démocratie ou le communisme. C'est encore la tradition, mais la tradition étudiée, développée, réfléchie ; c'est plus encore la recherche du mieux et du bien. Toutes les utopies, toutes les conceptions généreuses se développent dans leur ampleur majestueuse et introduisent lentement le lecteur dans le domaine des grandes et imposantes idées de réforme et de transformation sociale qui tour à tour sont du domaine des philosophes laïques ou des créateurs de religions ou de sectes religieuses.

A côté des savants et des penseurs, les peuples rêvent d'égalité sociale, et sans s'arrêter aux travaux des premiers, ils se soulèvent, recherchant brutalement dans la lutte contre l'oppresseur, le bien-être qui leur est refusé. Rome dix fois écrase les séditions et s'effondre avilie sous le poids de ses vices et des spoliations de la caste des puissants. Mais la lutte recommence partout où l'homme est opprimé; guerre de paysans, guerre de petites gens, à tous les siècles, au dixième, au douzième ; guerre communiste en Allemagne avec Münzer, Leyde et guerre des *niveleurs*, des *jacques*, etc., nouveaux esclaves révoltés, nouveaux vaincus.

Mais pendant que, de tous côtés, coule le sang des esclaves et que les massacres les plus horribles entassent victimes sur victimes, l'idée marche et les écrivains conçoivent des idées communistes. Benoît Malon les signale toutes, les analyse; avec un soin tout particulier, il étudie les tendances de la Renaissance, celles du siècle de la Ligue, celle du temps de Louis XIV, en France, en Allemagne, en Italie, en Angleterre, partout enfin où se fait jour l'esprit révolutionnaire, où se discutent les théories sociales de la transformation par le communisme.

Les deux derniers chapitres sont consacrés au puissant courant philosophique qui désagrège la vieille société au dix-huitième siècle et semble préparer les peuples pour un grand événement social, puis à la période révolutionnaire, depuis les cahiers des baillages jusqu'à la conspiration des égaux dans les caves du Panthéon. Ce dernier chapitre est précieux parce que l'auteur séparant l'action révolutionnaire, montre la bourgeoisie fondant sa puissance et préparant son triomphe sous toutes les formes politiques, par l'étouffement de toutes les pensées socialistes, de toutes les conceptions généreuses, par l'écrasement de tout ce qui est peuple, de tout ce qui atteint la propriété privée et peut fonder la puissance de tout le monde.

Tels sont les vastes sujets contenus, étudiés dans le premier volume de ce remarquable ouvrage.

Le deuxième est tout entier consacré à l'étude des théories socialistes de notre siècle, et continuera dignement, nous en sommes sûrs, l'œuvre si bien commencée de notre collègue et ami, Benoît Malon.

Est-il maintenant nécessaire d'engager nos lecteurs à souscrire à l'*Histoire du Socialisme*? Nous ne le croyons pas. Mieux que nous peut-être, ils sentiront les besoins de mettre sur les rayons de leur bibliothèque, à la bonne place, les trois volumes de cette œuvre considérable sortie de la plume d'un ancien ouvrier, tout dévoué à la révolution sociale. Ils voudront mettre dans les mains de leurs enfants, une *Histoire* si bien faite pour former leur esprit et donner à leurs facultés la seule direction qui leur convienne à une époque de luttes décisives et de progrès réels.

ADHÉMARD LECLER.

www.ingramcontent.com/pod-product-compliance
Ingram Content Group UK Ltd.
Pitfield, Milton Keynes, MK11 3LW, UK
UKHW012222240726
13966UKWH00003B/912

9 782011 751812